家じゅうのモノが
スッキリ
片づく！

ズボラさんのための片づけ大事典

収納スタイリスト
吉川永里子

X-Knowledge

はじめに

この本はズボラさんのための本です。これまで何度か片づけに挑戦してはみたものの、

「どこから手をつけていいのかわからない」

「片づけ始めたけど途中でイヤになった」

「とりあえず片づけたけど、またすぐに散らかるので、もうあきらめた」

そういった〝片づけお手上げ〟状態の人たちへの最後の救いの手となる、イラスト満載〝片づけ事典〟です。


小難しい理屈は一切ありません。とにかく、だまされたと思ってまずはこの本に書いてあるとおりにやってみてください。

どこから片づけ始めたらいいのかわからない人は、どのページからでもいいので、今散らかりがいちばん気になる所を開いて挑戦してみてください。取り組めば必ず成果が出ます！

片づけ方がわからない人も、ご安心を。リビング、キッチン、クローゼット……など場所ごとに、そこに置いてあるモノをひとつずつ取り上げて、すべてイラストつきで片づけ方を解説。一目瞭然でわかりやすさ抜群です。取り上げた片づけのアイデアとコツはぜんぶで３００以上。この1冊があれば、家じゅうのありとあらゆるモノが片づきます。途中で片づけに飽きちゃう人も、大丈夫。本を最初から読み進めなくても、片づけたい場所やアイテムのページから、マンガを読むような楽しさでスイスイ進めることができます。

この本は片づけが苦手で、いつもリバウンドして、挫折しちゃった人にこそ、読んで欲しい本なのです。片づけの正しいやり方から、目からウロコの簡単テクまで集め、だれでも無理なく続けられます！

さて、この本を手に取ったということは、今、あなたは片づけられない自分をなんとかしたいと思っているはずです。今こそ、片づけのチャンス。このまま散らかった部屋で、探し物にイライラしながら過ごす人生なんて、あなた！　本当にそれでいいの!?　1ヵ所でも、ひとつのモノでも片づけられたら、まずは大成功！　その大成功をどんどん広げていって、片づけで悩む毎日から卒業しましょう。

Contents

Chapter 1 だれでもラクに片づけられるようになる「片づけ」のコツ

Chapter 2 だれでも心置きなくモノが手放せるようになる「捨て方」のコツ

Chapter 3

場所別 片づけ方と モノ別しまい方のコツ

Chapter 4

夫や子どもを “片づけ上手” にするちょっとしたコツ

編集協力／村越克子　マンガ・イラスト／雨月衣
デザイン／細山田デザイン事務所　DTP／アレックス

どうしても片づけられない私を だれか、たーすけてー!!

私は、片付ヒデ子 ひとり暮らしのOL
ふあ〜
朝ごはん食べよ〜
ぼー
うわ〜今日も散らかってるな〜
私の朝はこうして始まる
ミカリ
!
ツルッ
スッテン
ガッ
わ
ふわっ
いったー
だれよ
こんな所にレジ袋置きっぱなしなのは
ひらっ
パフッ
…って私か
なんてノリツッコミしてないでさっさと食事済ませないと…
すみっこ
ムシャ
ムシャ
あ…あれ?
大きなテーブルのはずなのに
なんでこんな狭いの?
日に日に狭くなっていくような…

歯磨こう
カラッ
なぜか3本も
毛先が開いてる…
パッ
3本とも…
そうだ
旅先のホテルでもらった歯ブラシが確か引き出しに!
ガラッ
ゴチャ
あ〜ん見つからな〜い
もらいもの多過ぎ!
でも捨てるのもったいないし…
ゴツゴツ
結局、毛先が開いたブラシで磨いている……
シャカシャカ
そして、メイク
あれこの前買った口紅どこだ〜
ほとんど使ってないコスメのてんこもり
あった
あれ?この色イマイチだな〜
やーめた
ポイ
カラン
こうしてまた洗面所のコスメの森が育っていく…

そして着替え
あれ～
お気に入りのシフォンのブラウスがな～い
あった～
こんな奥に～
また散らかっちゃった～
いそげ～
片づけは帰ってからね
え～っとジャケットジャケット～～
ギュー
ギュー
んぐ～
あ～2枚重ねの下にあった……
えり折れてるし
次はストッキング
確か昨日洗濯して……
ふ～
あった！
ずる～
昨日の洗濯もの
わ！もうこんな時間！
ガチャ
急げ！
バタバタ
いつもこんなだ……

お、おはようございます
ゼーゼー
よろり
片付くん いつもギリギリだね……
ヒデ子 この書類お願い
ぴらっ
……ってヒデ子のデスク物が山積みで見えない
え？書類？
どう？できた？
ごめーんまだ～
万年筆がなくなっちゃって
片付くん、ここ訂正印がないぞ
あっ
すみませ～ん昨日から印鑑がみつからなくて
……
……
片付く～ん
いつものことだけど……
ヒデ子～
ガサ
ゴソ
あ～れ～ふたりとも旅に出たみた～い
どうにか万年筆と印鑑を探し出し
やっと仕事を終え
帰宅
あ～疲れた～
あの部屋に帰りたくない……
疲れ倍増しそう
よろり

そんなOL時代を経て結婚し、男の子に恵まれた私だが……
あ〜れ〜ケータイどこ行った？
相変わらずの散らかしっぷりで……
必殺家電コール!!
ケータイなら見つけるのは簡単よ！
ポ ポ ピ ポ
プルルルルル
ここだ！
そして楽しい午後ドラタイム
この再放送見たわ
チャンネル替えよう
…っとあれ？リモコンがない……
パタ パタ
は〜〜〜リモコンも鳴ればいいのに〜〜〜
ごろん
さがすのめんどくさーい
ただいまー
おなかすいた〜おやつある？
ドサ
ポーン
コロコロ
バタバタ
こら！家の中で走らない！
このありさまだれに似たのか……

夕食の支度を始めるが
野菜炒めにしよう
えーと ザルとボウルは…コンロの下か…
これで野菜洗って
バタン
パタパタ
ザブザブ
あ、フライパン出さなきゃ
取りづら〜い
パタパタ
油は流しの下だ!
パタパタ
なんか、疲れるな〜
ジャー
パタパタ
ただいまー
はらへった〜
この夫もまた……
おかえりなさ〜い
脱ぎ散らかしながら廊下を歩く
ストン
うんざり
は〜
せめて、家族のうちひとりでも片づけ上手がいればいいのに……

そうこうしているうちにふたり目を妊娠
ただいまマタニティ服捜索中
あれ〜？
ないわ〜
懐かしい！
おっとマタニティ捜索中だった
どこだ〜
ん!? これは？
宝の箱!?
あ！
あれが怪しい！
独身時代の服だ！
痩せたらまた着られるかも
とりあえず取っとこ♡
開けるとそれは……
うわあ
私たちの結婚式の引き出物だ！
10年もこんな所に埋もれていたのね……
そこへ夫が帰宅
どうした泥棒か
いつもよりすさまじい散らかりっぷり!!
あ…これは私が……
泥棒は君か!?
なになに!? 泥棒ごっこ？
ママが泥棒役だね？

やっつけてやるー！
宝物を返せー
こんなのがまたもうひとり増えたらますますモノが増えちゃう……
ちがっこれは引き出ものよ
ポン
ポン
やめなさいこら！
私は一生片づけ苦から逃げられないのか……
そんなのイヤー!!
だ…だれか…
た～すけて～!!
私に任せて!!
！
あ…あなたは
収納スタイリストの吉川永里子さん！
どんな片づけ下手さんでもこの本の通りにすれば必ず片づけ上手になるわ！
本当に!?スゴイ!!
さあ！一緒に片づけ上手を目指しましょ！
はい！

Column

1

片づけ物語

ベビー誕生前に汚部屋から無事、脱出成功！

片づけの依頼があったのは２ＤＫに住んでいる妊娠中の奥さま。玄関にはほとんどの靴が出しっぱなしで、左右違う靴を履いて出かけてしまうこともあるほどの片づけ下手さん。出産が近づくにつれて「子どもが生まれるまでになんとかしたい」と思い立ったのです。

片づけ1回目に出たゴミは軽トラック2台分！よくこんなにゴミが出てくるものかと思いましたが、それもそのはず、ひと部屋は粗大ごみで埋め尽くされていて、必要なモノはほぼゼロ。最初はあきらめ顔だったご夫婦も、次第にモチベーションがアップし、2回目の作業では「必要なモノ」「不必要なモノ」の判断力がつき、3回目でレッスンは終了しました。

半月後、再訪問してみると、汚部屋だった6畳間がベビーベッドの置かれた寝室に。部屋が片づくと、住んでいる人の表情がガラリと変わります。ふたりの晴れ晴れとした表情を見て、もう汚部屋に逆戻りすることはないと確信しました。

Chapter

1

だれでもラクに片づけられるようになる「片づけ」のコツ

片づけられない人は、「片づけ」が何かとっても難しいことだったり、几帳面な性格の人にしかできないことのように思いがち。そもそも「片づけ」とは、どういうことか？　そのコツさえわかれば、実は、だれでも簡単にできることなのです。

片づけの前に…

片づけること自体を目的にしない。「片づけたあとに起きるいいこと」を目指す！

片づける前に、覚えておいて欲しいことがあります。それは「片づけ」という行為自体に大きな意味があるのではなく「片づけたあとの状態」が、私たちにいい効果をもたらすということです。「片づけ」自体が目的になっていると、モノが散らかるたびに「片づけなきゃ！」と追い立てられるような気持ちになったり、「どうせまた散らかるし」と片づけを無意味に感じたり。

でも、「スッキリした部屋で、お気に入りのカップでお茶しよう」とか「ステキなインテリア雑貨を飾ろう」など、「片づけたあとに起きるいいこと」を目指せば、片づける意味が理解できて、面倒な片づけがそれほど苦になりません。片づけたあとの快適さをイメージしながら片づけることが、挫折しないためのポイントです。

また片づけると探し物が減るので、使いたいモノが見つからなくてイライラしたり、ダブリ買いがなくなります。モノを出すもの、しまうのもスムーズなので、何でも短時間で効率的に完了。ムダな労力、時間、お金を使わずに済むというメリットを考えると、片づけようという意欲がさらにわいてくるはずです。

「片づけ」自体を目的にすると、片づけが長続きしない！

「片づけ」が目的になっていると……

片づけても、片づけても、散らかる部屋にイライラ！ なんだかむなしい気持ちに……

「片づけたあとに起こるいいこと」を目的にすると……

スッキリ片づいた部屋で探し物のイライラもなく、くつろいでいる自分をイメージすると片づけが楽しい！

片づけやすい家 片づけにくい家

〝メタボハウス〟は片づけにくい！ モノのＩＮとＯＵＴのバランスをとる

モノが多い〝メタボハウス〟は、散らかりやすく、片づけにくい家。理由は明快。10個のモノを片づけるより、１００個のモノを片づける方がずっと大変だからです。モノが散らかる原因は収納スペースが狭い、片づける時間がない、子どもが多い、そもそも片づけが苦手などいろいろありますが、その上モノが多ければ、ますます片づけが大変になります。言い換えれば、モノが少なければ片づけがラクになるというわけです。

人が最低限、生きていくのに必要なモノというのは、実はそんなに多くありません。ただ、あると便利そう、豊かな気持ちになれる、楽しく暮らせそう…で、モノはどんどん増えていきます。モノはひとりでに家の中に入って来ることはありません。自分で買ったり、もらったりして家の中に持ち込みます。また勝手に出て行くこともありませんから、自分で捨てたり、あげたりしない限り家の中から出て行きません。家をメタボにしないためには、「１つ買ったら１つ捨てる」を基本にして、家の中にモノが入ってくる＝ＩＮと、出て行く＝ＯＵＴのバランスを意識的にとることが肝心です。

INとOUTのバランスをとれば
メタボにならない！

INが多すぎる メタボ ハウス

INが多くてOUTが少ないので、家の中はモノがいっぱい

INとOUTの バランスが よい家

INが多ければOUTも多くして、INとOUTの量のバランスをとると、モノが増えすぎません

片づけのステップ

片づけのステップは「整理」「収納」「循環」のたった3ステップ！

そもそも「片づけ」とは、

整理　「必要なモノ」と「不必要なモノ」に分けること
収納　「必要なモノ」を使いやすい状態にしてしまうこと
循環　モノを使ったあとに元の場所に戻すこと

の3ステップのことです。

まず「整理」では、「今」を基準にして「必要」「不必要」を判断します。今使っていないモノが家を占領して、使っているモノが出し入れしにくい場所にあれば、片づかないのは当然。高かった、使い切っていない、だれかにもらったという「過去のモノ」や、いつか使うかもという「未来のモノ」は、“今”の自分には必要ないモノ。処分することを考えましょう。

「収納」では、使うときのことを考えてしまうのがコツ。使う場所に近く、出し入れしやすい場所に、一緒に使うモノをまとめてしまいます。たくさんしまうことを優先させると、ゴチャつきやすくなりNG。最後の「循環」は、片づいた状態をキープするためには必須。モノが出しっぱなしになりがちなら循環しにくいのかも。整理・収納の仕方をもう一度、見直して。

この３ステップでどんな家も片づく！

まずは、キッチンの引き出しや食器棚などよく使う場所でレッツトライ！
小さなスペースで試すと途中でイヤになりません

ステップ

1

整理

「今使っているか」を基準にして、今必要なモノと必要ではないモノを分けます

↓

ステップ

2

収納

使う場所の近くを定位置にして、よく使うモノは取り出しやすい場所に置きます

↓

ステップ

3

循環

使い終わったモノは定位置に戻します。モノを増やさないこともポイント

片づけ上手になるヒント6

1 モノは重ねずに、立ててしまう

モノは重ねてしまうと下のモノが取り出しにくくなります。また、いちばん上のモノしか見えないので、下のモノが忘れられる原因に。衣類や紙モノなども立ててしまえば、すべてのモノがひと目で見渡せるので、探す手間がありません。さらに、立てると収納量も1.5倍アップ！

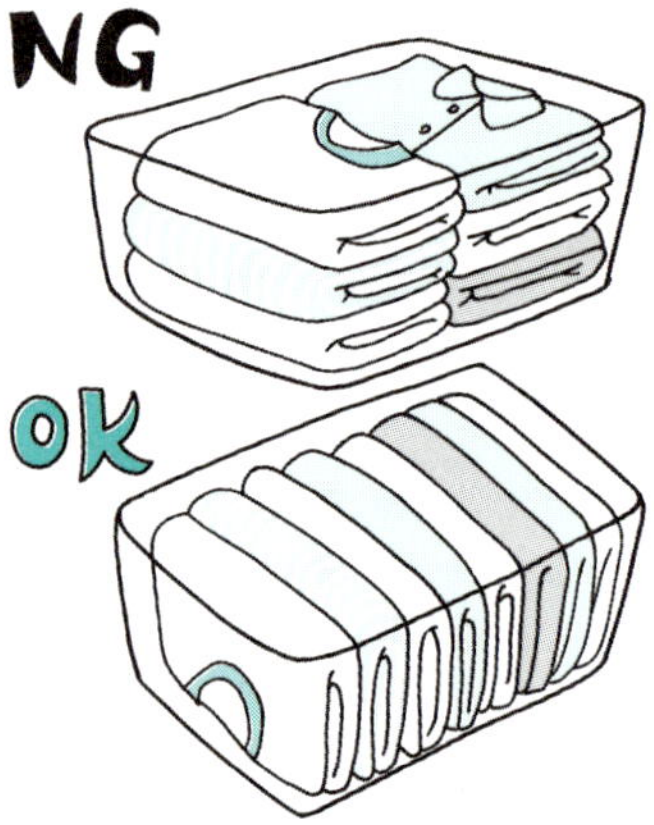

2 同じアイテムでも「使用頻度」で分ける

たとえばカップはカップでまとめて収納したくなるものですが、ふだん使いのカップと来客用を同じ棚にしまうのはＮＧ。使用頻度の高いモノはすぐに取り出せる「特等席」にしまいます。同じアイテムでも使用頻度の低いモノは、特等席には置きません。

3 アクション数を最少限にする

「引き出しを開ける」のも「モノを取り出す」のもワンアクション。「アクション数＝動作の数」が多いと、片づけるのが面倒になり、出しっぱなしになりがちです。よく使うものは1～2アクションで取れるように。また「収納場所までの歩数＝ステップ数」が多い場合は、収納場所を見直す必要あり。

4 細かいモノは箱や袋で仕切る

アクセサリーや文房具など小さなモノをそのままカゴや引き出しに入れると、迷子になったり、ゴチャついたり。空き箱やジップつきビニール袋などで仕切ると、どこに何があるのか見分けやすく、また決めた場所に戻しやすくなるので、片づいた状態をキープできます。

5 「手前」はよく使うモノの指定席にする

どんな収納場所にも必ず「手前」と「奥」があります。「手前」には、よく使うモノをしまうのが基本。「奥」は季節外のモノや使用頻度の低いモノの保管場所に。引き出し式やキャスターつきの収納グッズを活用すると、出し入れがスムーズになり、奥行きを使いこなせます。

6 8割収納を目指す

ひとつの収納スペースに対して8割までが、片づけをラクにするコツ。「出し入れが面倒」「探し物が多い」なら8割オーバーかも。

自分に合った片づけの満足度とは？

片づけの満足度は人によって違う。モデルルームを目指さない！

インテリア雑誌や収納特集に載っている家を見て、「このくらい片づいていたらいいな～」と思うかも知れません。でも、片づけの満足度は人によって違います。壁がたくさん見えて部屋の中が真っ白で、引き出しの中がスカスカじゃないと落ち着かない人もいれば、多少散らかっていても、床にモノが出ていなければいいやと思う人もいます。どこまで片づけるかは、自分が「ラクチンだな」と思える程度でOK。片づけが面倒になるほど細かく収納したり、苦痛を感じるほどモノを減らす必要はありません。極端に言えば、他人から見たら散らかっている家でも、本人が何も困っていなくて、気持ちよく暮らしていたら問題なしというわけです。

片づけの満足度は人によって違いますが、目標とすべき片づけ度合いは共通しています。それは、探し物をしなくて済むこと。何かひとつのことをするたびに、探し物から始まるようでは、とても気持ちのいい暮らしとは言えません。「探し物でイライラすることが、最近多いな」と感じたら片づけどき。このタイミングを逃さずに、片づけにチャレンジしてみてください。

自分が「気持ちいいな」「ラクチンだな」と思える程度でOK!

高望みのスッキリ感を目指すと挫折の原因に

モデルルームみたいにしたいけど……
ムリムリ

自分に合った片づけレベルでOK

モデルルームやホテルのようなスッキリ部屋を目指しません

?
替えの電池どこだっけ?
ゴゾ

「探し物がないこと」が片づいた部屋の目安

探し物が多くなったら、散らかりの第一歩。片づけることを思い立ちましょう!

片づけのメリット

片づけるだけで幸せのスパイラルが動き出す！

今では、収納スタイリストとして仕事をしている私ですが、実は、数年前まで、"片づけられない女"でした。子どものころから片づけが苦手で、キレイな部屋の方がいいことは、ずっとわかっていましたが、面倒だからと平気で散らかった部屋で暮らしていました。

大学生のころは、挫折の連続で体も心も壊してしまいました。それを機に生活を変えようと思って、部屋の片づけを始めた途端、仕事も恋愛も人生がハッピーな方向に転換。そのとき、私は直感しました。「片づけるといいことが起こる」と。そうです、片づけができると、部屋がキレイになる以外にも、いいことがたくさんあるのです。

部屋が散らかっていると、そこに住んでいる人の生活も、そして心の中まででもグチャグチャになるものです。部屋が片づくと、まず探し物のイライラがなくなり、時間に余裕ができます。その分、趣味やおしゃれなどを楽しむことができるので、心のゆとりも生まれます。家の居心地がよくなると、自分の暮らしをもっと大切にしようという気持ちもわいてきます。そうなれば、しめたもの。あなたはもう幸せのスパイラルの中にいるのです。

片づけ効果で起こるハッピー10

1 ココロがスッキリする

2 探し物がなくなり、時間に余裕ができる

3 仕事や家事がはかどる

4 家族や恋人との仲がよくなる

5 家に帰るのが楽しくなる

6 ムダな買い物や外食がなくなり節約できる

7 お金の管理が上手になり、貯金ができる

8 自分にとって本当に大切なモノがわかる

9 人生設計が立てられるようになる

10 自分のことがわかって好きなる

Column

2

片づけ物語

片づけで結婚、就職、昇進なんて身近な話

何をやってもうまくいかなかったのが、部屋を片づけたことで、自分でも驚くほど好転することがあります。

ある汚部屋に住む同棲カップルも、まさにその一例。彼らは5年間も一緒に暮らしていましたが、なかなか結婚に踏み切れずにいました。30歳を目前にした彼女は最後のチャンスと意を決し、整理収納のレッスンを依頼。すると、片づけを始めてたった1カ月ほどで彼氏の就職が決まり、無事、結婚をすることになりました。何かの魔法じゃありません。プラスのスパイラルがまわり始めたのです。汚部屋で暮らしていると、何をするにもやる気が出ず、生活がルーズになります。部屋が片づいていると気持ちも前向きになり、生活を正そうという意欲がわいてきます。暮らしの基礎力がレベルアップするのです。部屋を片づけるとプラスのスパイラルがまわり始める理由は、そこのあるのです。

Chapter

2

だれでも心置きなく モノが手放せるようになる 「捨て方」のコツ

100個のモノを片づけるより、10個のモノを片づける方が簡単に決まっています。片づけをラクにするには、モノを減らすのが手っ取り早い方法。そうは言ってもね……という人が、スムーズにモノを手放せるようになるコツとは……!?

「捨てる」とは？

「捨てる」とはただモノを破棄することではなく、自分にとって必要なモノを見極めること

「捨てる」ことが流行っています。確かに、モノが多いと片づけに手間がかかるし、ましてや片づけが苦手な人が山と積まれたモノをスッキリ片づけるのは、かなり困難。そこで「捨てる」ということになりますが、捨てることに慣れていないと、何から捨てていいのやら？「捨てる」流行に乗って「いらないモノをぜんぶ捨てなきゃ！」と思っても、何が「いらないモノ」なのか判断できません。迷っているうちに、もったいない気持ちがムクムクとわいてきて「また今度にしよう」となりがちです。

まずはいったん「捨てる」という言葉を忘れましょう。「捨てるモノ」を見つけるのではなく、今あるモノの中から「必要なモノ」を選び出します。今使っているモノ、1年に数回は必ず使うモノ、使わなくてもあるだけで幸せな気持ちになれるモノ……と選んでいくと、自分にとって本当に必要なモノが見えてきます。選ばなかったモノは、なくても困らないモノたち。惜しみなくサヨウナラして。

また「捨てる＝ＯＵＴ」だけではなく、「買う＝ＩＮ」の見直しも必要。本当に必要なモノだけを買えば、捨てるモノもおのずと減るはずです。

今の自分にとって本当に必要なモノは何？

「いらないモノを捨てる」のではなく、今あるモノの中から「必要なモノ」を選び出します。「捨てる」のではなく、「減らす」くらいに思うと気持ちがラクになるはず

「捨てる」3ステップ

「今使っているか」を基準にして捨てるモノと残すモノを判断する

「捨てる」ためには、3つのステップがあります。まずは狭い範囲、場所から始めるのが成功の秘訣です。

ステップ1　引き出しや棚1段分など、1ヵ所のモノをぜんぶ出します。目の前に並ぶと、量の多さにまず驚くはず。「こんなにたくさん持っている必要はない」と捨てるテンションが高まります。

ステップ2　出したモノの中から「今使っているモノ」だけを選び出して、元の場所に戻します。本当に今使っているモノは、1秒で判断できるはず。「いつか使う」「まだ使える」モノって、本当に使うときがくるのでしょうか？潔く手放しましょう。元の場所に戻したモノだけが、今の自分にとって必要なモノ。捨てられない人でも、この方法なら「必要ないモノ」を選別できるはずです。

ステップ3　残ったモノを①すぐ捨てられるモノ、②迷うモノ、③思い出として保管するモノに分けます。この3ステップを30分以内に終わらせます。半年経ったら②の迷うモノは「捨てる」「売る」「あげる」で家からOUTしましょう。

「捨てる」ステップはこの3つ

まずは、キッチンの引き出しや食器棚などよく使う場所でレッツトライ！
小さなスペースで試すと途中でイヤになりません

ステップ 1

1ヵ所のモノをぜんぶ出す

手始めは、よく使う引き出しや棚1段分など狭い範囲でトライします

↓

ステップ 2

「今使っているモノ」だけを抜き出して元に戻す

だれに聞かれても胸を張って「使ってる」と言えるものだけを選び出します。手が止まったら、今使っていない証拠です

↓

ステップ 3 残ったモノを3つに分ける

「残ったモノ＝今使っていないモノ」。「捨てる」「迷う」「保管」に分けます

①すぐ捨てられるモノ
出ないペン、切れたクーポン、固まったのりなど使えないモノや、同じアイテムが3つ以上あるモノはゴミ箱に直行

②迷うモノ
今日の日付を書いた箱や紙袋に入れて、目につく場所に置きます。半年間、1度も使わなかったモノは潔く処分

③保管するモノ
今使っていなくても、取っておくことに意味のあるモノは、思い出箱に入れ“思い出”として保管するか、どんどん使って「今使っているモノ」に復活させます

意外と増える モノ別 捨てる 見極め方

タオル

顔を拭いたとき ゴワつきが気になったら

洗顔でサッパリした気分もゴワつくタオルで台なし。そんなタオルで顔を拭いちゃダメ。サッサとぞうきんにしちゃいましょ!

靴

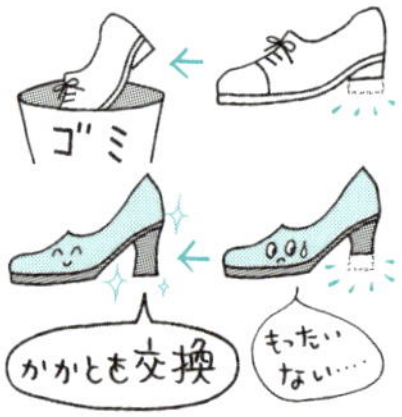

目安はかかと

どんなにおしゃれをしても、靴のかかとが磨り減っていてはイメージダウン。ブランド靴で捨てられないなら、かかとを交換して

食器

欠けたり、色素沈着したら用済み

割れてなくても潔く処分。引き出物など箱に入ったまま1年以上経ったものは一生使いません。色素沈着した食器も、わびしいので処分

服

カジュアル服は 3年着たら消耗済み

3年愛用したら「十分着倒した」と割り切って処分。デザインはどんどん新しくなるから、流行遅れのダサい服なんか着てちゃダメ!

下着・靴下

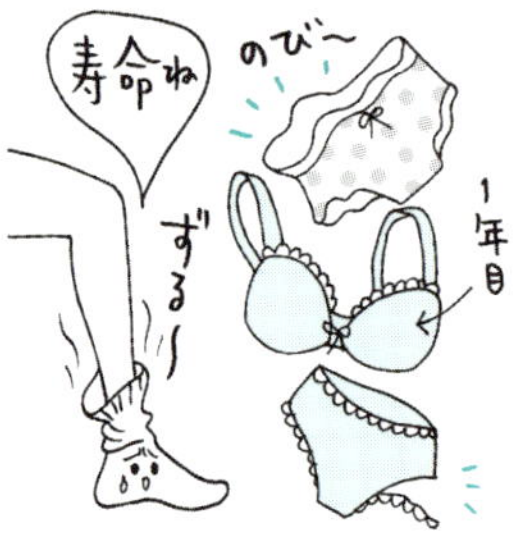

ゴムが伸びたら捨てどき

ブラの寿命は約1年。ショーツはゴムが伸びたり、レースがほつれたらブラと一緒に処分。ゴムの伸びた下着や靴下って、何だかみすぼらしい!

本・雑誌

「情報」として取っておくのは半年まで

趣味の本を捨てるのは難しいですが、情報として買った本や雑誌は1ヵ月～半年で処分。古い情報に価値はありません！

文具

お気に入りは 2 個あれば十分

ペン、はさみ、定規などアイテムごとにマイベストを2つ以内に選別。いっぱいあっても、使うモノはいつも決まってるから、ゴチャつくだけ

コスメ・ヘアケア用品

1シーズンでさようなら

開封したモノは品質が悪くなっていくので、使い切っていなくても1シーズンで処分を。キレイになるためのモノをケチっちゃダメ！

ストック食材

賞味期限切れは迷わず処分

カレールウやパスタソース、特売でつい買いだめした食料品。でも、そんなにため込んで、いつ食べるの？ 「レトルトDAY」や「冷凍食品DAY」を作って、賞味期限前に食べましょう

調理道具

フライパンは
コゲつきが気になったら

テフロン加工がはげたフライパン、先がこげた菜箸、フタがきっちりしまらない密閉容器、色素沈着したマナ板……そんなモノ使っていたら調理しにくいし、料理の味も落ちちゃいます！

ついつい買ってしまうモノ別買い方

CD・DVD

ネットでダウンロードできるモノは買わない

データをダウンロードしたほうが、省スペース！　何度も見たい、趣味のモノなどは、収納スペースに入るかどうかを購入基準にして

調味料

業務用の大容量サイズは買わない

大容量はお買い得に思えますが、賞味期限内に使い切れないとかえってムダに。小容量のモノをこまめに買い換えた方が品質的にも○

食器

割れたら代わりを買う

基本的には破損したモノの代わり以外は、買わないこと。食器集めが趣味の人は収納スペースを限定して、量を制限することが大事

服

着るシーンがたくさん思い浮かぶモノを買う

いつ、どこで、だれと会うとき、何をするときなど、着るシーンが具体的にイメージできるモノを買うと、同じような服を買うこともありません。「いつ」は１ヵ月以内がリミットです

本・雑誌

しまう場所を決めてから買う

情報として購入する本や雑誌は、本棚には入れないつもりで買います。趣味の本は、本棚に収納スペースを確保してから購入を

日用品

「特売」はいつでもやってくると考える

在庫はトイレットペーパーなら2ロール、ティッシュなら1箱、洗濯洗剤は残り4分の1程度になってから買い足せば十分

コスメ

新色を購入するときは店頭で試してから

使い慣れた色以外のモノにトライするときは、必ず似合うかどうかを確認して。使い切れないことの方が多いことも念頭に

アクセサリー

プチプラなら1つ買ったら1つ処分

安価なアクセサリーはつい買ってしまいがち。「アレを処分するから買おう」と決め、実際に使う場面を思い浮かべて買うようにして

おもちゃ

誕生日、クリスマスなど買う日を限定する

おもちゃは、子どもにねだられて買うより、親やまわりの人が買ってあげたくなることの方が、断然多いもの。あげる日を限定したり、買う店をここだけ！と決めておけば増えません

子ども服

「欲しい」ではなく、「必要」なモノだけを買う

「カワイイ!」という理由で買ってはムダ買いが増えるだけ。サイズが小さくなった、ゴムが伸びた、すり切れたなど、買い替えが必要になったときにだけ買うという意識をもって

どうしても捨てられないモノ別捨て方

紙袋

大5、中5、小10あれば十分

お気に入りのブランドやしっかりとした作りの紙袋だけを厳選して、あとは思い切って処分。1枚増えたら、1枚使うか捨てるルールを

いただきモノ

お礼をした時点で役目は果たし済み

いただきモノは受け取ってお礼をした時点で、モノとしての役目は十分果たしています。使わないなら「あげる」「売る」などを考えて

手紙・年賀状

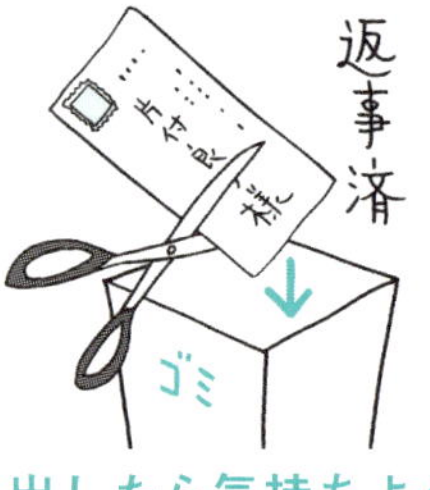

返事を出したら気持ちよく処分

手紙は保管するより返事を出すことの方が大事。持っていることで幸せな気持ちなれる手紙のみ、思い出箱にしまっておきましょう

写真

よく撮れているモノ以外、その場で削除

たまると選別が面倒になるので、撮ったその場で減らします。パソコンに取り込むときにさらに厳選。飾りたいと思うくらいのベストショットだけプリントして、枚数を増やしません

おさがりの服

流行や性別に関係ないモノだけ残して、あとは処分

お気に入りの服、流行に左右されないデザインの服はとっておいてOK。サイズが大きいモノは、いったん他の人に回して戻してもらうのも手です

CD・DVD

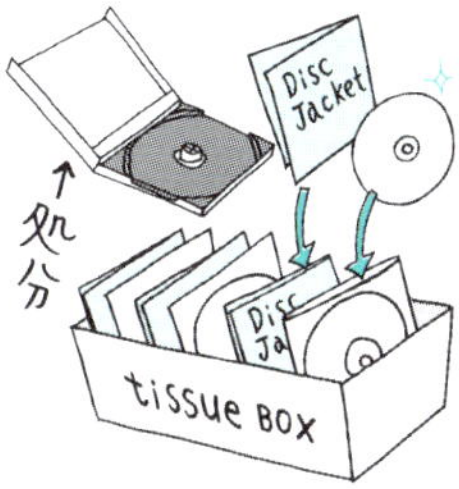

まずはケースを処分する

本体は100円の不織布のCDケースに入れ、ティッシュ箱に立てて収納。半年間聴かなかったCDは処分することを考えても

思い出のモノ・お土産

思い出箱に入る分だけに限定

箱からあふれたら1度ぜんぶ出して「今の自分にとって大切な順番」に戻していき、はみだしたモノは処分しましょう

サンプル品

まずは使う。使わないなら捨てる

化粧品などのサンプル品は、もらったら洗面台に出しておき、すぐ使えるようにして。使わないなら、もらわないことを心がけて

ぬいぐるみ・人形

「ありがとう」と言ってさようならする

ぬいぐるみや人形をそのままゴミ袋にポイ！では心が痛むもの。キレイな紙袋に入れて、最後にお礼を言ってからお別れしましょう。ぬいぐるみはクリーニングに出して幼稚園や児童館などに寄付できる場合もあります

昔の通帳

使い道がないモノは保管しない

一見重要そうでも、使い終わった通帳に役目はないので処分してOK。領収書、明細書、給与明細なども同じ。処分するときは、個人情報をしっかり処理してから

Column

3

片づけ物語

片づけの現場でいつも起きるステキな変化

これまで、何人もの片づけられなくて悩んでいる人たちに出会ってきました。散らかりやすい場所やモノ、散らかす人、片づかない理由はそれぞれの家庭によって違います。でも、片づけが進むにつれて起きるプラスの出来事は、どの人にも起こります。モノがあふれていた部屋が、だんだんとスッキリしてくると、まずお客さまの表情が明るくなります。今までどうしてもできなかったことが、解決の方向へ進んでいることを実感することで、変化があらわれるのです。「いるモノ」と「いらないモノ」の見極めが早く・正確に・鋭くなっていきます。はじめは捨てられない…と悩んでいたモノが、徐々に今の自分には必要のないモノだと気づき始めます。

この「気づき」を得たときの人の表情というのはとても魅力的です。パアッと視界が開けたような、明るくてキラキラした顔になります。この表情に出会うたび、私は本当にこの仕事をやっていてよかったと感じるのです。

Chapter

3

場所別片づけ方と
モノ別しまい方のコツ

どこをどうやって片づけていいのかわからない……という人の悩みは、この章を読めばスッキリ解決！　場所ごとに片づけ方のポイントと、モノ別のしまい方をすべてイラストつきで紹介しています。絵を見ながら、楽しくレッツ！ 片づけ。

Living
リビングあるあるNG集

家族が集まり、お客さまも来る場所なのに、居心地が悪くなっていませんか？

家族が過ごす時間が長いリビングは、いつの間にかモノが増えがち。「だれかが片づけるんじゃない？」で、だれも片づけようとしないから、散らかり放題に。

NG

なんだかテーブルが
せまいわ

✕ モノがテーブルを占領。落ち着いて食事ができませ〜ん！

DM、学校のプリント、昨日の新聞などがごっちゃり。そのままズーッと隅に寄せて、テーブルの端でコソッと食べるハメに。

NG

風もないのに
吹きだまりが…

✕ 吹きだまりの山で、なんだか部屋が狭い！

雑誌、CD、洗濯物などの山が、部屋の隅や壁際にいくつもある。壁一面が吹きだまりで埋まる日も、そう遠くはない!?

NG

×「とりあえずボックス」って、ゴミ箱のこと!?

インクが出ないペン、切れた電池、期限過ぎのクーポンなど使えないモノが出てくる、出てくる。なぜか耳かきが3本も出現！

NG

×おしゃれなカウンターがモノ置き場に！

めったに見ないレシピ本、学校のプリント、家電の取説などがカウンターを埋め尽くしている。生活感丸出しで見苦しい！

NG

×紙袋、そんなにため込んでどうするの!?

どう考えても、使い切れない量の紙袋を納戸で発見。詰めたすき間にどんどん袋を挟み込んで、わけのわからないタワー状態に。

Living

リビング

ここだけ押えるべし！

使う場所の近くに収納コーナーを作るべし！

家族がくつろいだり、食事をしたりと過ごす時間が長いリビングは、家族それぞれが持ち込んだモノが、たまりやすい場所です。また、趣味で買うＣＤや雑誌、ＤＭなどもともと数が増えやすいアイテムが置かれているので油断するとあっという間にモノが散乱しがち。

リビングの片づけでは、まずモノを使う場所ごとにグループ分けして、使う場所の近くに収納コーナーを作ります。たとえば、ＡＶ機器の近くにはＣＤやゲームソフトなど、テーブルの近くには、ここで読む新聞や学校のプリントなどをしまいます。また、ダイニングとリビングをつなぐ通り道には家族共有のコーナーを作り、雑誌や文房具など、家族みんなが頻繁に使うモノをしまうといった具合です。その他の見せたくないコマゴマした生活用品は納戸に収納。そうすれば、自然とモノの指定席が決まり、探し物がグッと減るはず。行き場のないモノたちが出しっぱなしになるのも防げます。

リビングの片づけで、もう１つ肝心なのが見た目。居心地をよくするために、センスのいい収納グッズを使ったり、色をそろえるなど見た目にも配慮しながらしまい方を工夫しましょう。

リビングのしまい方

納戸

手紙、年賀状、紙袋、アルバム、薬、衛生用品、古新聞ストック、梱包グッズなど使用頻度が低いモノ、見せたくないモノ、かさばるモノなど

ダイニングテーブルまわり

新聞、携帯電話の充電器。ママがいる場所なので幼稚園・学校のプリント類、DM、家計簿をしまうと使いやすい

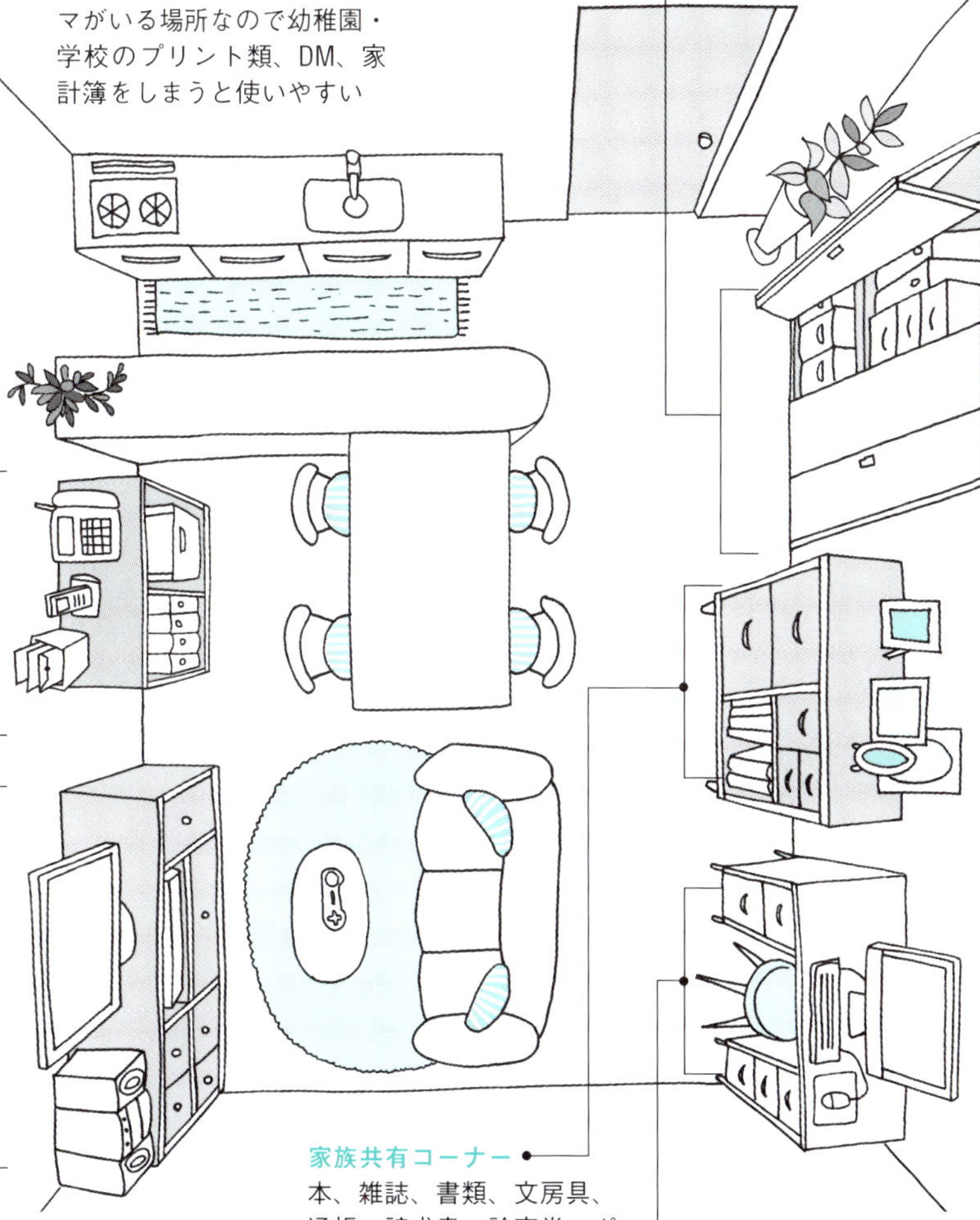

家族共有コーナー

本、雑誌、書類、文房具、通帳、請求書、診察券、ポイントカードなど

パソコンコーナー

取扱説明書、ケーブル・コード類、コピー用紙、インクのストック、カメラ・ビデオ（充電器）など

テレビ・AVコーナー

CD、DVD、テレビゲーム機器、ゲームソフト、リモコンなど

Living
リビング
コツ5

1 床に直《じか》置きをやめ"吹きだまり"を作らない

本やCDなどを棚にしまわず床に置くと、少しずつ部屋の隅の方に押しやられ、吹きだまりになりがち。ひとつでも置いてしまうと、気持ちがゆるんでどんどんモノを重ねてしまうので注意。また、床に直置きしたモノがないだけで、部屋が広く見えて掃除がしやすくなります。

2 むやみに棚を増やさない

リビングには広い壁があるので、つい棚を作ったり、収納家具を置きたくなりますが、収納スペースを増やした分だけモノは増えていきます。今ある収納家具にモノが収まらなくなったら、棚や家具を買い足す前に、まずはモノを減らすことを考えましょう。

3 指定席がないモノは持ち主がすぐに元に戻す

リビングは家族がいろいろなモノを持ち込みやすい場所ですが、ここに指定席がないモノは、置きっぱなしにしないのが決まり。これを許すとモノがどんどん増えてきます。他の部屋から持ち込まれたモノは、持ち込んだ人が責任をもって元の場所に戻すように。

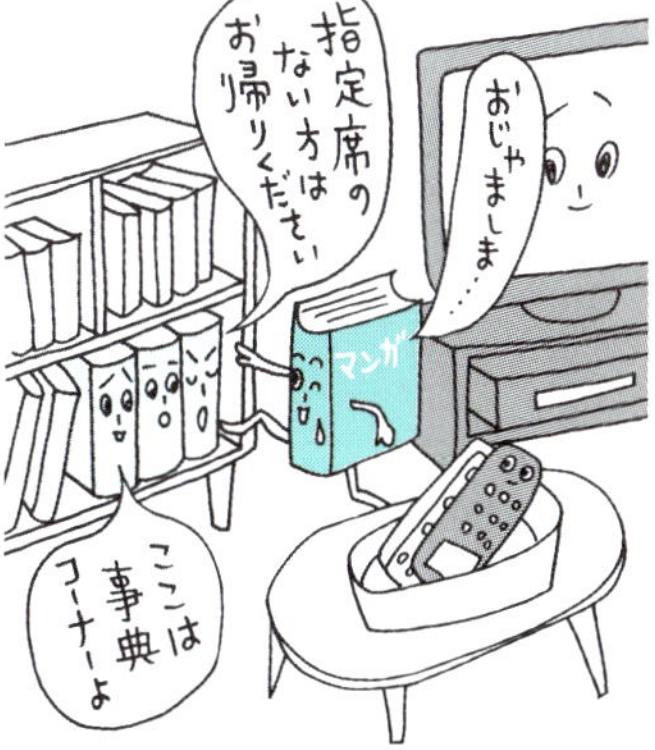

4 「何でもボックス」はひとりひとつで散らかり防止

家族にひとつずつ「何でもボックス」を作ります。リビングにあると便利な自分のモノはそこに入れ、各自が管理します。家族みんなで使う「何でもボックス」はNG。中に入れたモノの片づけ責任者があいまいになり、何でも入れ放題になってしまいます。

5 ちょっといい収納グッズでセンスUP

来客もある場所なので、収納グッズは機能性だけではなく見た目にもこだわりたいもの。目につく所に安っぽい収納グッズを置くと、リビングが一気に所帯じみてイメージダウン。デザイン性や素材感のあるモノを置いて。また、収納グッズがステキだと、片づけのモチベーションも上がります。

Living
リビング モノ別しまい方

本

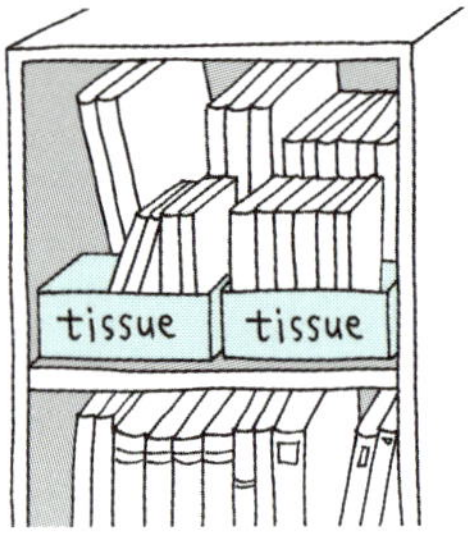

手前の本を箱に入れて、前後2列に収納

文庫本や新書を奥と手前の2列にしまうときは、手前の本をティッシュ箱に入れれば、そのまま取り出せて、奥の本の出し入れがラク

ダンボールで部分的に棚板を増やす

背の高い本と文庫本を並べてしまうときは、文庫本の上にダンボールを乗せて棚板代わりに。部分的に棚板を増やせて収納量増。ダンボールの支えがあると1冊抜いても本が倒れません

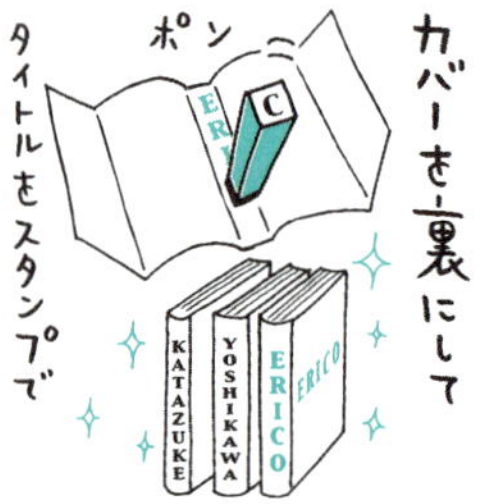

本のカバーを裏返す

本のカバーを裏返すだけで、色が白に統一され片づいた印象に。タイトルをカラーペンやハンコで書けば、たちまちセンスUP！

雑誌

ファイルボックスで一時置き場を作る

読みかけの雑誌などはファイルボックスにIN。いっぱいになったら、捨てるまたは本棚で保管すると決めれば、それ以上増えません

持ち手つきのトートバッグに入れる

お気に入りの雑誌だけを、ここに入る分だけと決めて入れておきます。持ち手つきなら移動しやすく掃除がラク。好きな場所で読書できます

ファイルボックスに入れ壁にペタリ

ファイルボックスを粘着テープで壁に貼りつけ、リビング用の新聞受けにします。新聞とチラシが一緒に入って便利です

CD・DVD

専用ケースで増えすぎ防止

100円ショップなどにあるジャストサイズの専用ケースがオススメ。この箱に入るだけと決めて、増え放題をストップ！

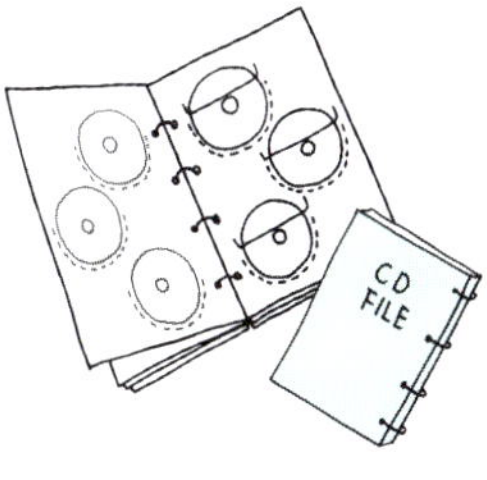

ケースをはずしてA4ファイルに

ケースをはずすだけで、かさばるCDも超コンパクト！ 市販のA4サイズの専用ファイルに入れれば、本棚にもスッキリ収まります

新聞

テーブル下につけたタオルハンガーに乗せる

タオルハンガーを２本つけ、その上にON。読んだら、すぐにしまえる場所なので、そこらへんにポイ！ もなし。見えないので生活感も出ません

壁に留めたクリアファイルにIN

いつも読む場所の近くの壁にプッシュピンで留めます。パパのダイニングチェアの横につけるのにもってこい！ テーブルに置くより壁に留めた方が省スペース

クリアファイルに入れて持ち歩く

セールのお知らせやクーポンつきのDMは、家に置くより持ち歩いた方が忘れずに使えます。不要なDMは、見たらその場で即処分

請求書・明細書

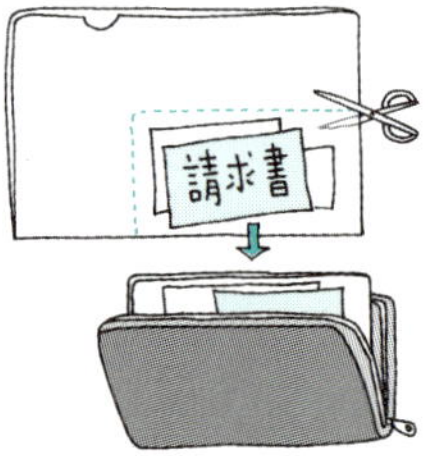

クリアファイルをカットして財布にIN

クリアファイルを財布に入る大きさにカットして、請求書をIN。用紙がヨレず、財布に入れて持ち歩けば払い忘れもありません

パッと見でわかるよう仕分ける

明細書、領収書は基本的に引き落としが済んだら処分。とっておく場合は、ファイルに入れて本棚に。保管期間は長くても1年まで

リモコン

ぜんぶまとめてカゴに入れる

リモコン専用のカゴをひとつ決めて、テレビやソファ近くを指定席にすると、リモコンが迷子になったり、散乱するのを防げます

DM

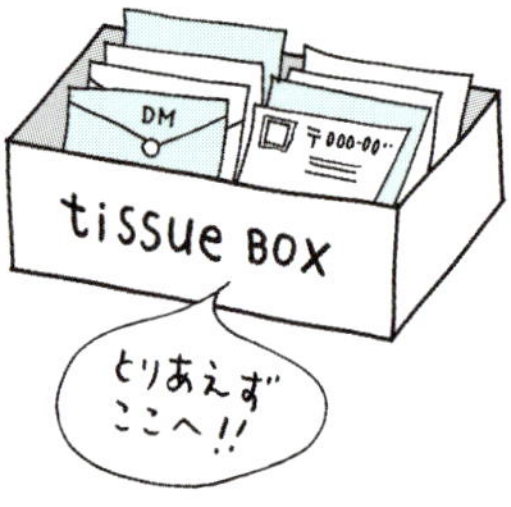

ティッシュ箱で一時置き場をつくる

一時置き場を決めて、あちこちにポイ置きするのを防止。キッチンカウンターの上など目につく場所を定位置にして、毎週1回チェック。不要なモノを処分して

取扱説明書

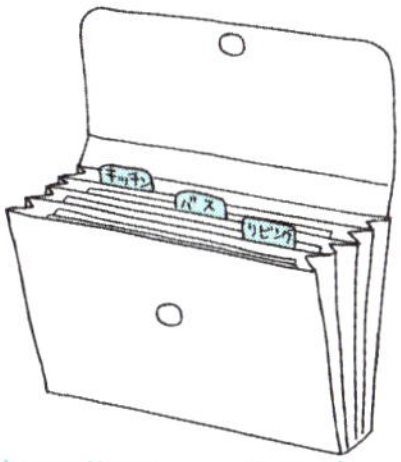

ジャバラ式ファイルケースに場所別に分けて収納

「キッチン」「洗面所」など、そのモノが置いてある場所でラベリング。場所別にすると、家族が必要なモノを見つけやすくなります

デジカメ・ビデオの取説は付属品と一緒に保管

ジップつきビニール袋に、機種ごとに取説とCD-R、コード、充電器などの付属品をまとめて。スマートフォンなどの取説も同様に

診察券

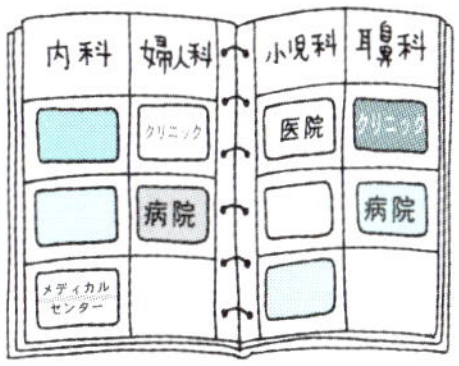

病院別にしてカードホルダーにひとまとめ

内科、耳鼻科など病院ごとに分けるのがコツ。同じ内科でも診療日や診療時間が違うので、そのときに都合のいい病院を選ぶことができます

幼稚園・学校のプリント

保管期間ごとにファイルにIN

1ヵ月、1学期、1年と保管期間に分けてクリアファイルに入れ、ファイルボックスに立てて保管。期間で分けると、見直しのタイミングがわかりやすくなります

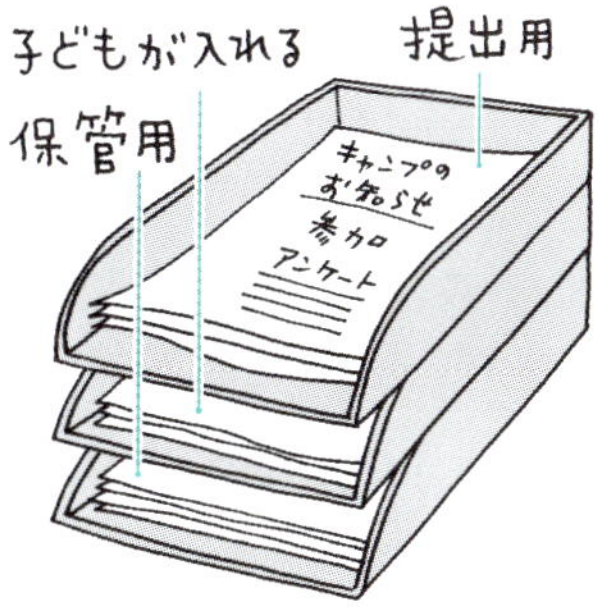

書類トレイで子どもにも出し入れさせる

親がチェックして提出するモノは上段、子どもが持ち帰ったプリントは中段、保管するモノは下段に。子どもが出し入れしやすく、提出忘れがなくなります

文房具

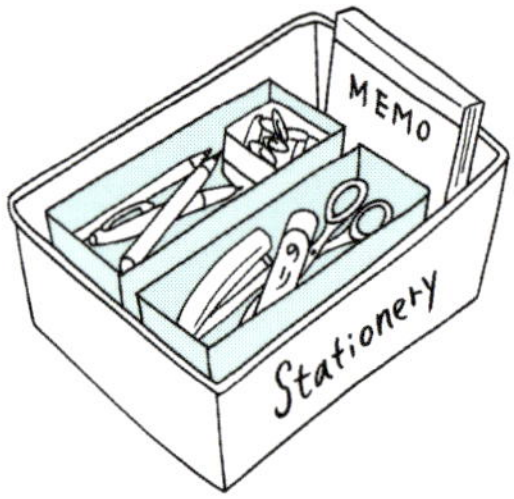

よく使うモノだけを箱に入れて仕切る

100円カゴや空き箱で仕切れば、インクが出ないペンなど使えないモノが下に埋もれず、ぜんぶが「今使っているモノ」になります

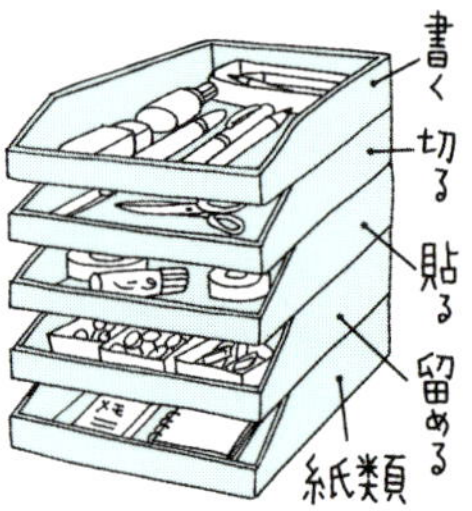

用途別に書類トレイに分類

「書く」「切る」「貼る」「留める」「紙類」の5つに分けると、ふだん使う文房具がほぼすべてわかりやすく分類できます

本数を限定して缶に立てる

出しっぱなしにするなら、5〜6個までに限定。空き缶などに立てて入れます。本数を絞れば、見た目スッキリ

ショップカード

カードホルダーに入れてバッグや車の中に

カードで財布がパンパンならカードホルダーを利用。このままバッグや車に入れておけば、使い忘れがありません

ゲーム機器

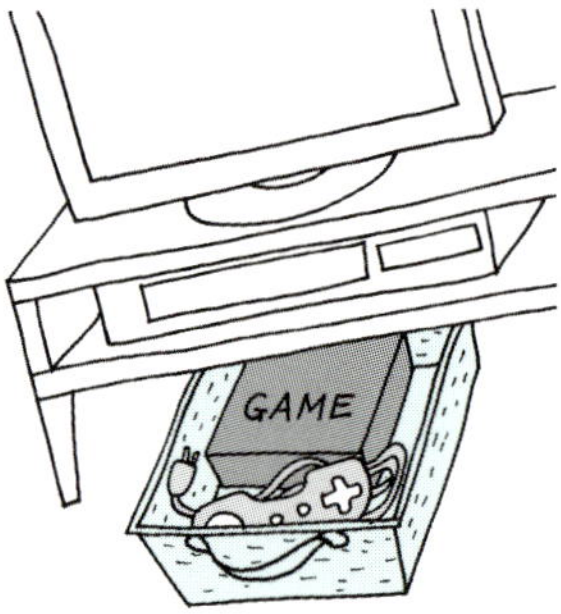

四角いカゴに入れてテレビの近くに

ゲーム機器が四角いのでカゴも四角い方がスッキリ収まります。コントローラー、コード、ソフトもまとめて入れて。パソコンにつなぐ場合もあるので、持ち運びしやすい取っ手つきが○

薬

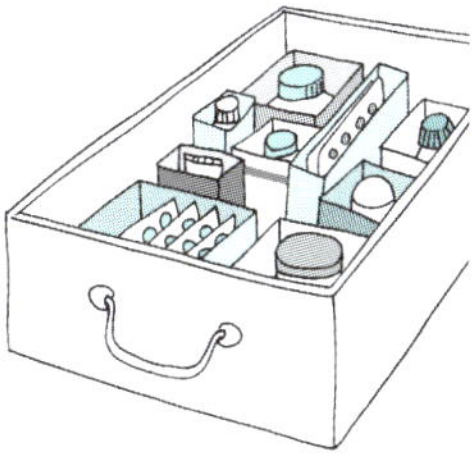

箱の上部を切り取って引き出しへ

使うときは、箱の中のビンやチューブだけを取り出せばOK。それぞれの薬の指定席が決まるので、引き出しの中がごちゃつきません

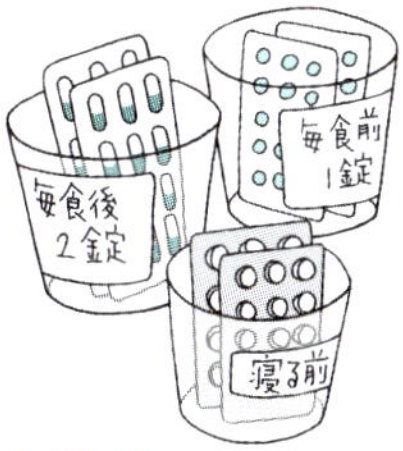

毎日飲む薬は、透明のカップに入れて立てる

プリンカップや麺棒の空ケースなどにIN。カップには「毎食後2錠」などを明記。まとめてカゴに入れ、カウンターの上に置けば飲み忘れがありません

ジップつきビニール袋で省スペース

外箱を捨て、薬本体と服用の際の注意書きを入れて引き出しに立てて収納。袋には「風邪薬」「鎮痛剤」など用途と使用期限を書いて

梱包用品

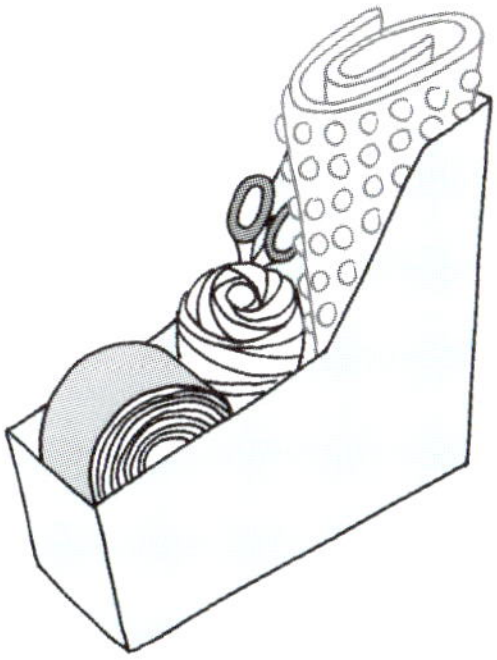

ファイルボックスに入れ納戸に立てて収納

形がバラバラなビニールヒモ、ガムテープ、パッキン、ハサミなどはファイルボックスに入れ、納戸に収納。出し入れも一気にできてラク

ビニールひもにトイレットペーパーの芯を通す

厚紙にトイレットペーパーの芯をボンドで固定し、ビニールヒモの中心を通します。ヒモを引っ張ったとき本体が転がらず、使いやすくなります

年賀状

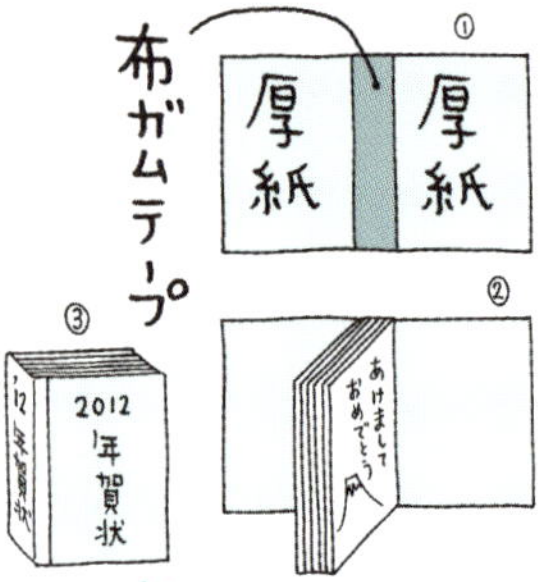

ガムテープと厚紙で年賀状を製本する

とっておきたいモノだけを「本」のよう束ねれば、本棚にスッキリ収納。背表紙にマジックで年度を書けば、管理がしやすくなります

人別に毎年同じ場所に入れて、最新情報を保管

人ごとに入れるポケットを決めます。今年の分が届いたら、前年の分を処分すれば、年賀状がたまらず最新の住所が保存できます

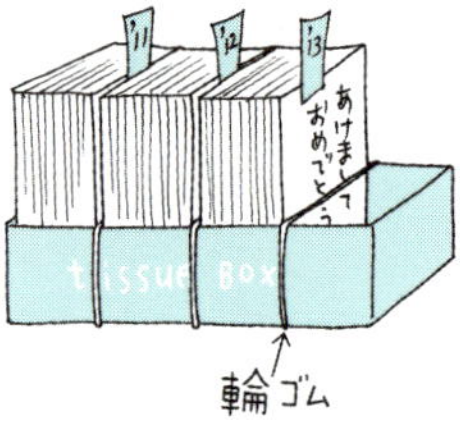

ティッシュ箱で時系列に「押し出し収納」

ティッシュ箱はハガキのサイズにぴったり！年度の境目にふせんをつけ、輪ゴムをストッパーにすると倒れません。箱がいっぱいになったら左端から処分

衛生用品

仕切りつきのプラスチックケースに入れる

数が多い場合は、仕切りつきのケースに入れ、納戸にしまいます。洗えるプラスチック製なら衛生的。立てて入れると、一目瞭然で出し入れが簡単

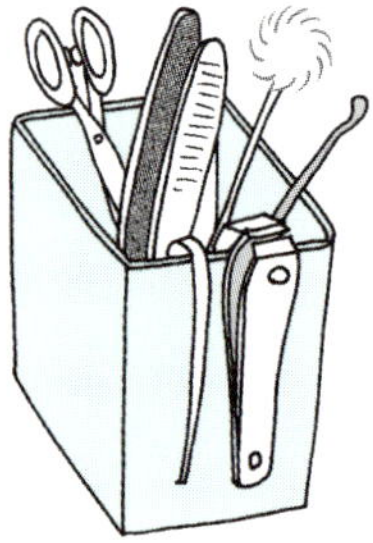

出しっぱなしにするなら数を限定して立てる

容器はペン立てくらいの大きさで、洗えるモノを。立てると下の方に埋もれるモノがありません。爪切りや毛抜きなど短いモノは、ケースの縁に引っかけて埋没を防止

充電器

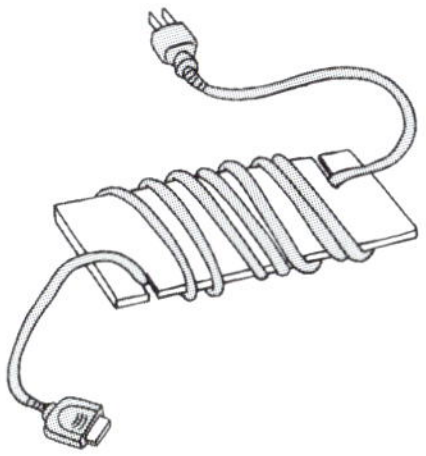

コードを
ダンボールの切れ端に巻く

切り込みを入れたダンボールに巻くとからまりません。使用中のコードも、コンセントに届く最短の長さに調節すればスッキリ!

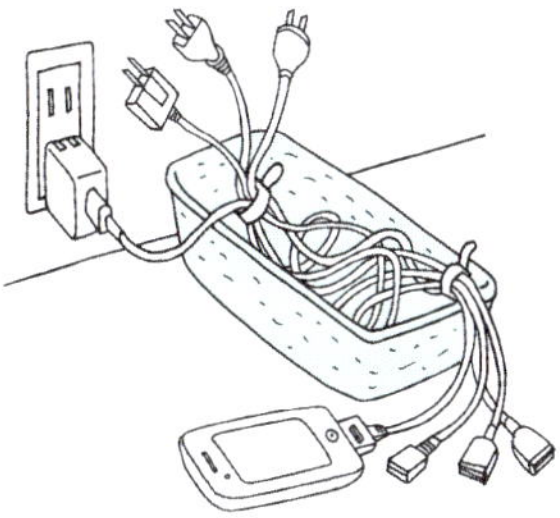

家族分をまとめてカゴに収納

プラグ側とジャック側をそれぞれ結束バンドで留め、コンセントの近くに指定席を作ります。充電するときだけつないで

コード

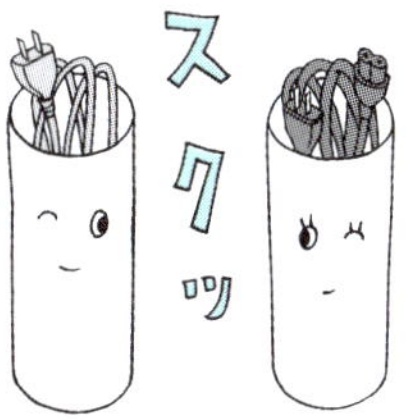

トイレットペーパーの芯にIN

コードを長細く折りたたんで、トイレットペーパーの芯に入れればスッキリ。そのままカゴや引き出しに立てて収納できます

PC用品

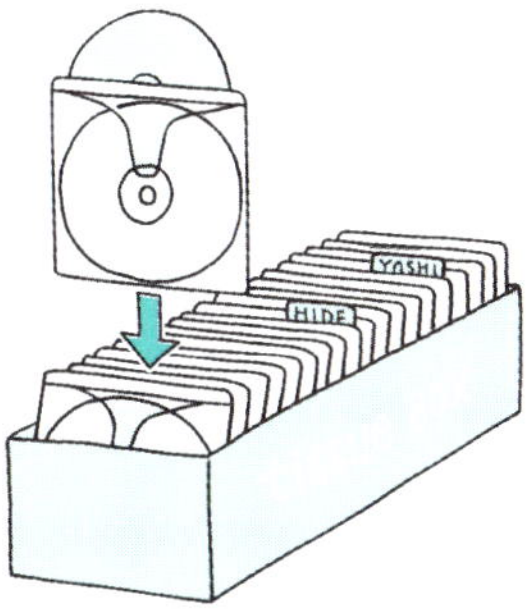

100円の不織布ケースに
入れてティッシュ箱に

不織布ケースにCD・DVDを入れ、ティッシュ箱に立てて収納。アーティスト別にインデックスをつけるとわかりやすくなります

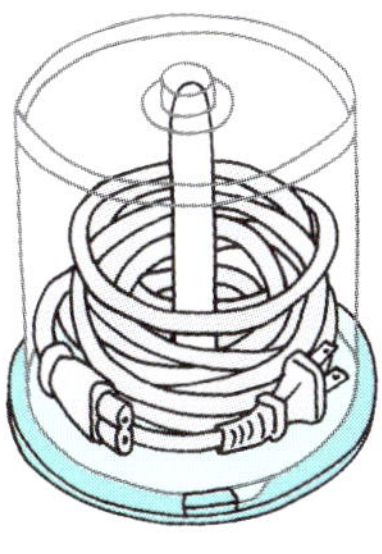

ケーブルは
スピンドルケースに収納

太くて束ねにくいパソコンのケーブルは、CDやDVDが入っていた空のスピンドルケースの芯にグルグル巻いてフタをすればスッキリ。ケースを重ねて収納してもOK！

Kitchen キッチンあるあるNG集

モノがごっちゃりでキッチンに立つたびにイラッとしていませんか？

使いたいモノがすぐに見つからないと、食事作りに手間と時間ばかりがかかります。主婦の滞在時間が長い場所なのに、使いにくいと大損しちゃいますよ。

NG

✕ 使わない食器であふれてる！

食器はたくさんあっても、奥のモノが取り出しにくいので、いつも手前にある同じ食器を使っている。皿も茶わんも重ね放題。

NG

✕ 箸が40本！いったい何人家族!?

引き出しいっぱいに箸、スプーンがごっちゃり。炊飯器を買うたびに増えたしゃもじが4本もあって、どうするの？

オマケのモノだけで引き出しがいっぱい！

お弁当についていた割り箸、もらったスプーン、ストロー、干からびたお手ふきなどを、引き出し1段分ため込んでいる。

鍋やフライパンがありすぎ。お店屋さんを始める気？

数が多い上に適当に重ねているので、ガチャガチャして収まりが悪い。使いたいモノが取り出せなくて、いつもイラッ！

賞味期限切れの食材が棚の中に……

在庫管理ができていないので、賞味期限切れの食材がゴロゴロ。カレールウやパスタソース、ツナ缶などのストックがわんさか！

Kitchen
キッチン
ここだけ押えるべし！

ワンアクションでモノが出し入れできるようにすべし！

キッチンは狭いわりには、しまうモノが多く、その上、調理器具や食材など1つ1つのアイテムの形がバラバラ。大きさもいろいろあるので、片づけのプロにとっても手ごわい場所。ルールもなしに、テキトーにしまっていては、ゴチャつくのは当然です。

キッチンは毎日使うからこそ、ひとつの作業をするのにあちこち移動したり、何度も扉を開けているようではダメ。アクション数を最小限にして、時間と労力をロスしないようにしましょう。

アクション数のムダをなくすためには、キッチンを「火」「水」「食材」のコーナーに分けて考えることがポイント。たとえば、「火」のコーナーのコンロ近くにはコンロで使うフライパン、油、フライ返しなど、「水」のコーナーのシンク近くには水まわりで使うザル、ボウル、洗剤などを置きます。その場で使うモノを近くにしまうだけで、作業効率はグ～ンとアップし、期待以上に調理時間が短縮。1分でも早く食事の支度をしたい働くママにはうれしい限りです。手早く調理できれば、余計な電気やガス、水道を使わずに済んで、節約にもなります。

キッチンのしまい方

シンク上の吊り戸棚
アルミホイル、ラップ、スポンジのストック、ブレンダーなど小さめのキッチン家電

調理台上
カップ麺やだしの素など湿気を嫌う食材のストック。カゴを使って麺類、レトルトなど分けて収納

引き出し（上・中）
カトラリー、ピーラー、スライサー、箸など

コンロ下
フライパン、鍋、油、調味料など火のまわりで使うモノ

シンク下
包丁、まな板、ザル、ボウルなど水まわりで使うモノ、土鍋、大皿、ホットプレートなど重いモノ

引き出し（下）
ビン、缶などの重い食材は安全性を考慮して下段に

キッチン／食器棚のしまい方

上段

手が届きにくいので使用頻度が低い来客用食器やイベント用食器、急須など

中段

コーヒーカップ、グラス、茶わん、毎日使う食器など

引き出し

カトラリー、しゃもじ、ふきん、コースター、竹串、つま楊枝、ストロー、紙ナプキンなど。よく使うコマゴマしたモノは、引き出し収納が使い勝手よし

下段

保存容器、お弁当グッズ、水筒、土鍋、瓶など重いモノ

キッチン／オープンラックのしまい方

上段
上段がちょうど目線の高さなら、電子レンジ、オーブントースター、炊飯器など目線の高さで使いたいキッチン家電

下段
ゴミ箱、ミネラルウォーター、缶ビールなど重いモノのストック、米びつなど。キャスターつきだと便利

中段
食材を収納。乾物、麺類、お茶などの軽い食材、レトルト食品、缶詰、子どものおやつ、冷蔵庫に入れない野菜など

Kitchen シンク・コンロまわり コツ5

1 同じタイミングで使うモノはまとめて置く

フライパンとオイル、まな板と包丁、洗剤とスポンジなど、同時に使うモノは近くに置いておくと、ムダな動きがなくなり、作業が思った以上にスムーズに。火の近くで使うフライ返しやトングなどのキッチンツールは、コンロ近くが指定席です。

2 安全のために頭より高い位置に重いモノを置かない

土鍋、大皿、ホットプレートなど重いモノは、頭より高い位置にしまうと、取り出すときや地震の際に落下する危険性があります。吊り戸棚にしまう場合は、厳重に梱包を。

角が尖っているモノも、高い位置にしまうのはNG。食器棚、オープンラックも同様です。

3 湿気を嫌う食材はシンクとコンロの間の上段に

湿気は下にたまるので、乾物、米、粉類など湿気を嫌う食材を下の方にしまうのは避けましょう。また、シンク上やコンロ上もお湯の蒸気がこもりがち。湿気の影響をいちばん受けないシンクとコンロの間の棚に置くか、オープンラックを収納場所にして。

4 高い位置の収納には取っ手をつける

シンク上の吊り戸棚は高くて、手が届きにくい場所。取っ手つきのカゴに入れれば、サッと取り出すことができます。引き出せるカゴなら、棚の奥までを有効活用。カゴには麺類、レトルト、乾物…とアイテム別に入れると、欲しいモノがすぐに見つかります。

5 シンク・コンロ下はラックで仕切る

シンク・コンロ下の高さのあるスペースは、コの字ラックを使って高さを分割するのが、使いやすくするコツ。洗剤ストックや調味料など背の高いモノを入れるスペースを確保してから、ラックを置く位置を決めると、ムダなく収まります。

Kitchen

食器棚・オープンラック コツ6

1 違う種類の食器を重ねる場合は2セットまで

違う種類の食器を3セット以上重ねると、まん中やいちばん下の食器を取り出す場合、上に重ねている食器を出す→使う食器を出す→使わない食器を戻すの3アクションになり、使い勝手が極端に悪くなります。2セットなら下の食器を取り出す場合でも、上の食器持ち上げる→下の食器を出すの2アクションで済みます。

2 グラスやカップは"縦1列並べ"

グラスやカップなど高さのある食器は、同じセットを手前から奥に縦1列に並べます。横1列に並べると、奥にあるセットを1～2つ出すにも、手前のモノをどかす手間がかかりNG。奥行を活かした縦1列並べなら、すべての食器がワンアクションで取り出せます。

3 目線の高さで使いたい家電を置く

よく使う電子レンジやオーブントースターなどのキッチン家電は、目線より低い位置にあると腰をかがめる必要があり、高いと背伸びすることに。ちょっとの動作がふえると、疲れる原因です。目線の高さに合わせて置けば作業効率もアップ。毎日の料理もスムーズに。

4 ラックの下段のモノはキャスターつきにする

米びつやミネラルウォーター、缶ビールのストックなど重いモノは、キャスターつきケースに入れるか、ベニヤ板にキャスターをつけた台に乗せると、簡単に引き出せて便利です。ゴミ箱も同様にすると、ゴミが捨てやすくなります。

5 同じアイテムでもふだん使いの食器と来客用を分ける

お皿はお皿、グラスはグラスで同じ場所にしまいたくなりますが、ふだん使いのモノは手が届きやすい食器棚の中段、来客用などあまり使わないモノは上段か下段にしまうのが基本。使用頻度によってしまう場所を変えて。

6 キッチン家電のコードはマジックテープで留める

キッチン家電を置いているオープンラックまわりは、コードが雑然としがち。コードをマジックテープで束ねて、ラックのパイプに固定するとゴチャつきません。

Kitchen キッチン モノ別しまい方

茶わん、おわん

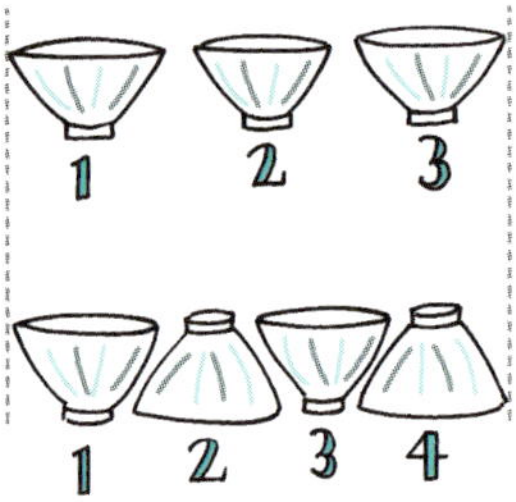

上向きと下向きで交互に並べる

茶わん、おわんなど上広がりの食器は、上向きと下向きを交互にして並べると省スペース。すべて上向きにすると、ムダなすき間ができてNG

皿、鉢

棚板との間に拳《こぶし》ひとつ分のすき間を空けておく

重ねた下の皿を取るとき、上の皿を持ち上げられるくらいのスペースが皿と棚の間にないと、1枚取り出すにもいちいちぜんぶ出すことになります

大皿はファイルボックスに立てて収納

大皿は重ねると、重くて下の皿が取り出しにくいので、ファイルボックスに立てて収納。ラクに出し入れできるよう詰めすぎはNG

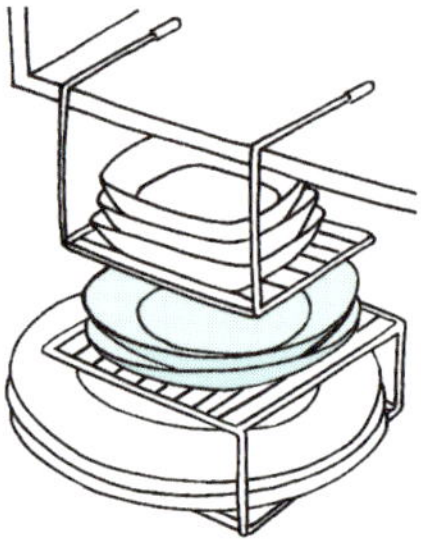

吊り下げタイプのディッシュラックを使う

食器棚の棚板に引っかけるだけで簡単に設置でき、空きスペースを有効に使えます。引っかけず、置いて使っても便利

マグカップ

シーン別にまとめてカゴに入れる

食事のときの家族用、来客用など、使うシーン別にカゴ分けて入れておきます。いっぺんに取り出せるのでムダな動きがありません

カップ&ソーサー

重ねるのは2組まで

イラスト(上)は、カップとソーサーをセットにして重ねているので取り出したまま使えて便利。イラスト(下)の重ね方は安定感あり

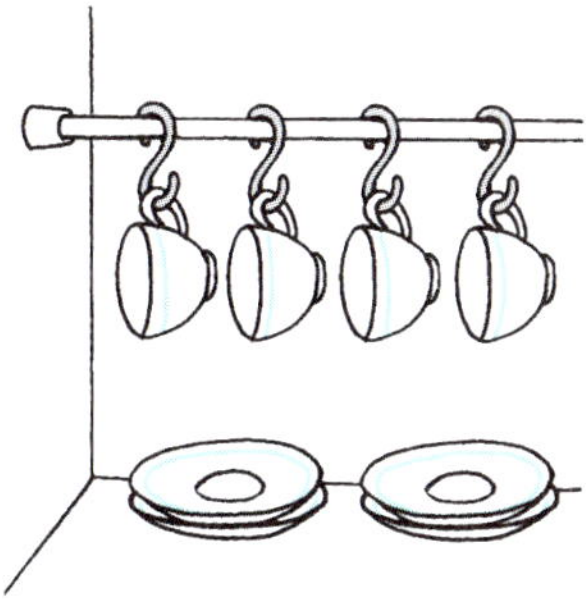

つっぱり棒+S字フックに引っかける

食器棚につっぱり棒を渡して、S字フックをかけ、カップを空中収納。ソーサーは重ねて下に置きます。空間を有効活用できて◎

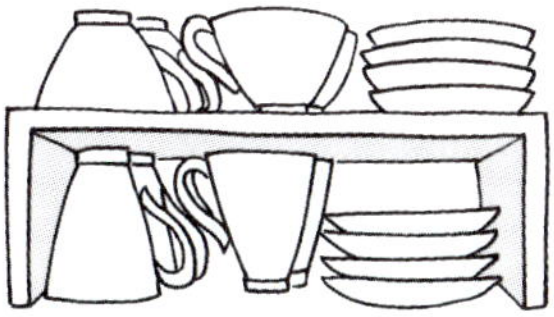

コの字ラックで2段収納

コの字ラックを使うと、空間をムダなく使え、収納量がアップ。カップの持ち手と持ち手を向かい合わせにすると省スペースになります

グラス、湯飲み茶わん

重ねる、または"縦1列並べ"

重ねるなら2個まで重ね、手前から奥に縦1列並べに。重ねにくいモノは、コの字ラックを使って縦1列並べに

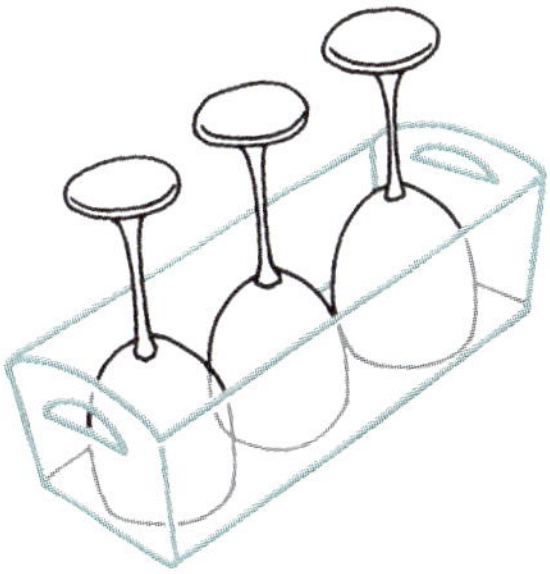

細長いプラスチックケースに入れる

グラスの大きさに合ったプラスチックケースに入れて食器棚に。ケースごと引き出して使えるので、奥のモノまで一気に取り出せます。伏せて入れると倒れません

レンジフードに S字フックで引っかける

レンジフードの縁にS字フックを引っかけます。そこにコンロまわりで使うキッチンツールを引っかければOK。料理しながらサッと手が届きます

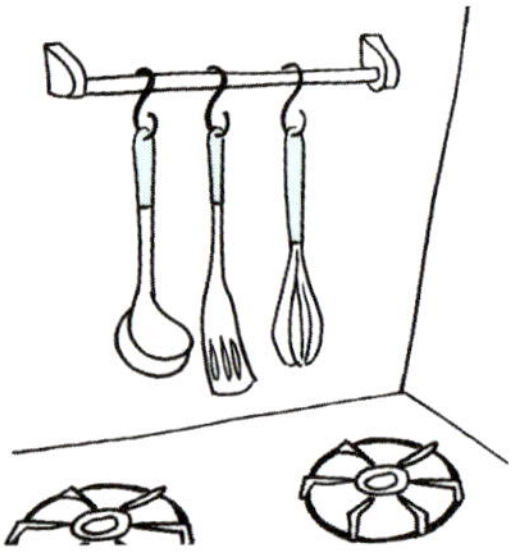

タオルハンガー＋ S字フックに引っかける

コンロのそばの壁面につけると、料理をしながら手が届いて便利です。粘着フックで個別に引っかけてもOK

カトラリー

毎日使うものは出しっぱなしでOK

カップに立てたり、カトラリーケースに入れてテーブルの上に出しっぱなしでもよし。毎日使うのでホコリもたまりません

キッチンツール

持ち手を下にして 容器に立てる

持ち手を上にすると、いちいち取り出さないと何だかわからないので持ち手は下に。キツキツだと取り出しにくいので、口が広めの容器を使って

縦向きにして 引き出しにIN

持ち手を手前にして引き出しにしまうと、ぱっと見、どれが何だかわかりにくいもの。引き出しにしまう場合は、持ち手が「奥」が鉄則です。引き出しの中を牛乳パックなどで仕切ると、ゴチャつきません

フライパン

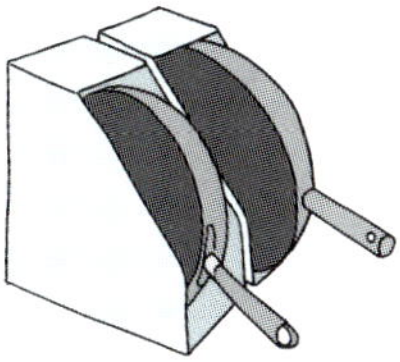

ファイルボックスに立てる

ファイルボックスに1つずつしまうと、出し入れがスームズ。フライパンを重ねてしまう場合は2つまで。3つ以上重ねると、まん中のモノが出し入れしにくくなります

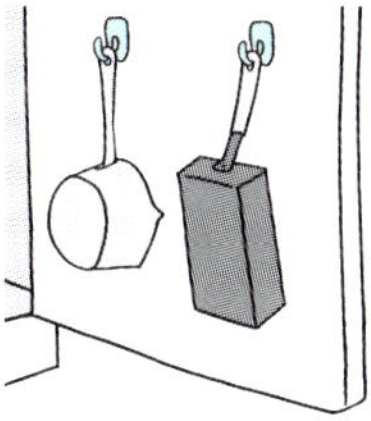

小さいパンは引っかけ収納

大きいフライパンと一緒には重ねにくい卵焼き用やミルクパンなどは、コンロ下の扉裏にフックをつけて引っかけて収納

鍋

フタを裏返して重ねる

フタを裏返して、取っ手側を鍋の内側に入れると、コの字ラックを使わなくても、鍋を重ねてしまうことができます

ケースに分類し引き出しに縦にしまう

箸、スプーン、フォークなどの種類別、木製、ステンレス製、ホーロー製などの素材別、または使用頻度別にしても○。向きは縦方向に。横向きに入れると奥のモノが取り出しにくくなります

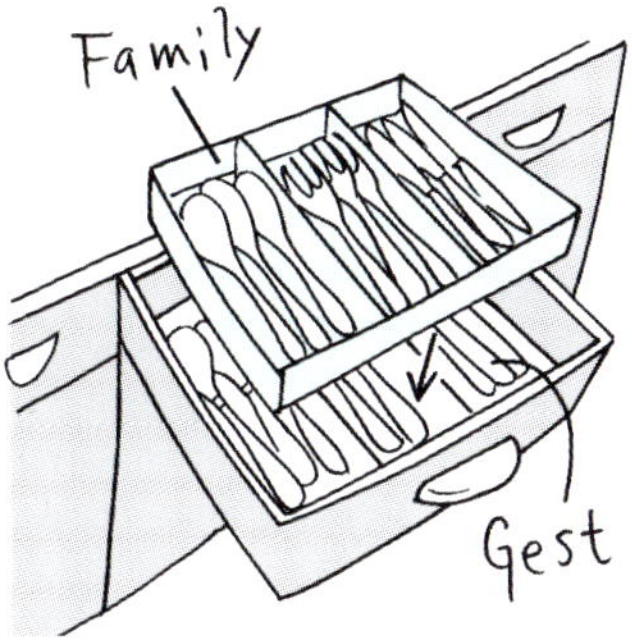

ふだん使いと来客用を引き出しの中で2段に分ける

100円ショップにあるプラスチックケースを引き出しに入れ、取り出しやすい上段はふだん使い、下段はたまにしか使わない来客用をしまいます。よく使う上段だけを整理しておけばよいのでラクチン

毎日使う鍋やフライパンは出しっぱなしでもOK

毎日使うモノなら、1つくらいコンロの上に出しっぱなしでもよし。出してしまう手間が省け、1つならゴチャついて見えません

ザル・ボウル

「入れ子」にして重ねてしまう

バラのモノはザルはザル、ボウルはボウルで入れ子にして重ね、ザルとボウルがセットの場合はセットごとに重ねます。水まわりで使うモノなので、シンク下に収納

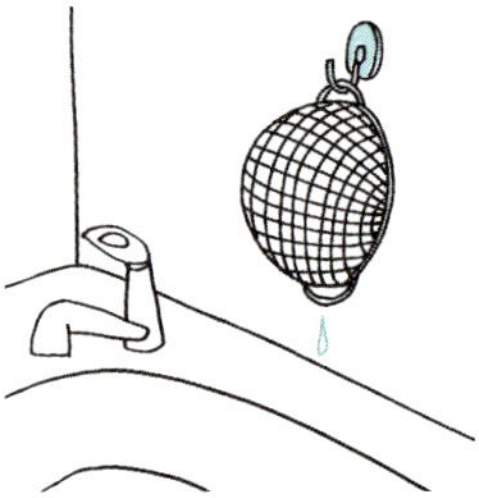

いちばんよく使うザルはシンク上に引っかける

シンク上の壁に粘着フックをつけ、かけて干しておきます。洗ったあとに水滴が垂れるのでシンク上を定位置に

鍋は「入れ子」にして重ね、フタはファイルボックスに

鍋の数が多い場合は、鍋とフタを別々に収納。鍋は入れ子にして重ね、フタはファイルボックスに立てれば、場所をとらずにたくさんしまえます

タオルハンガーでフタを引っかけ収納

どの鍋にも使いまわせるフタをひとつ決め、コンロ下の扉裏にタオルハンガーをつけて、フタを引っかけます

ピックは製氷皿がジャストサイズ

細長型の製氷皿がピックの長さにジャストサイズ。動物、花、トランプなどマークごとに分けておくと選ぶのも簡単です

お菓子の空き缶が仕切りにぴったり

お菓子の空き缶を利用。中の仕切りをそのまま使って、カップや型抜きなどを仕切ります。仕切りは洗ってから使用して

100円の道具箱に小物をひとまとめ

細かく仕切ってある道具箱は、お弁当グッズ入れに最適。厚みもあまりないので、食器棚の下段などにスッキリ収まります

お弁当グッズ

引き出し１段分をお弁当グッズ専用にする

お弁当箱は立てて収納。重ねると下のモノが見えなくなるのでNG。シリコンカップ、ソース入れ、バンドなどコマゴマしたモノは、ふだん使わないお弁当箱や缶に小分け収納

ピックは発泡スチロールに刺す

袋入りで買ったピックは、1回使ったあとのしまい場所に困るもの。発泡スチロールに刺して、引き出しに入れておくと、バラバラにならず、すぐに取り出せて便利

まな板

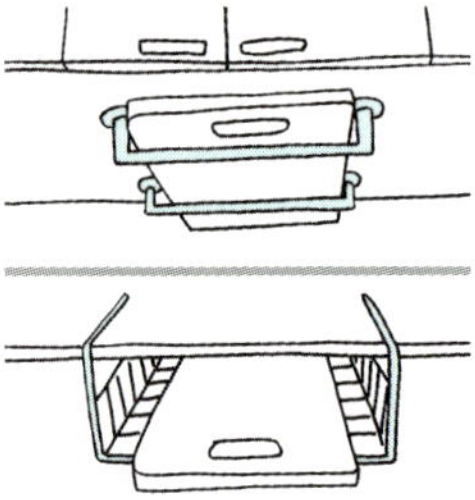

シンク上のスペースを利用する

戸棚の下にタオルハンガーを2本つけ、その上にまな板をON。吊るすタイプのラックをシンク上の戸棚につけ、まな板を置いても○

タオルハンガーで立てかける

タオルハンガーの中に立てかけると倒れません。取りつけ場所は、使う場所の近くの調理台前の壁がベスト

ゴミ袋

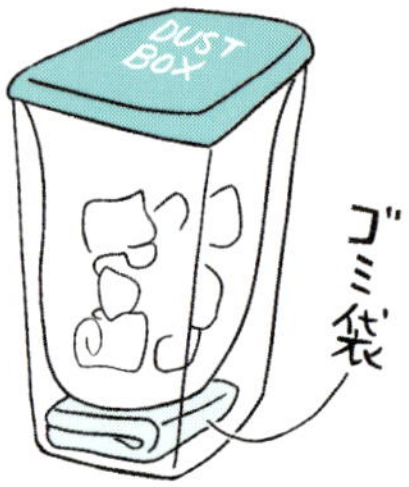

ゴミ箱の底に入れる

替えのゴミ袋を出すのはゴミを捨てるときだけ。だから、ゴミ箱の底に入れておくのがいちばん便利なのです。替えのゴミ袋をいちいち取りに行く手間がありません

密閉容器

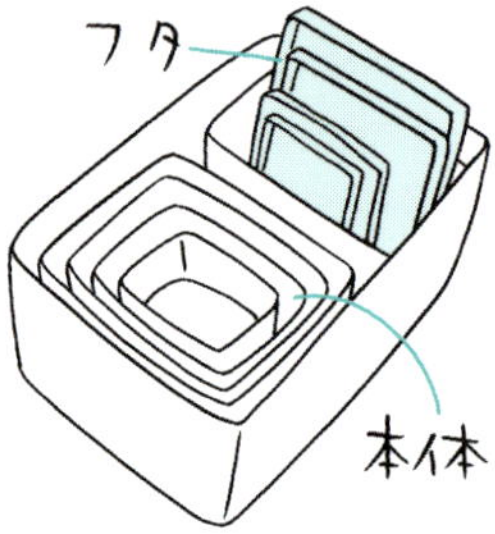

数が多い場合は本体とフタをバラす

本体は本体で入れ子にして重ね、その横にフタをまとめて、大きめの箱に立てて入れると、省スペースに収納できます。食器棚に収納

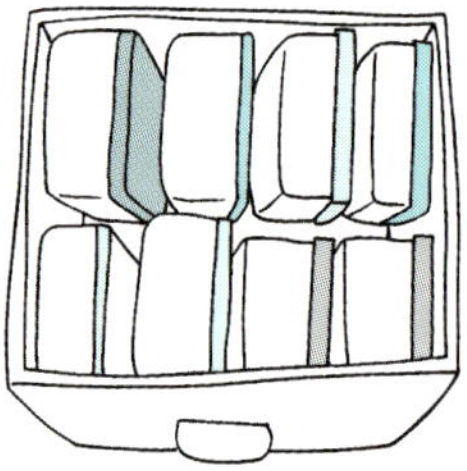

数が少ない場合は、本体とフタをセットにしてしまう

引き出しに入れる場合は重ねずひと目でぜんぶが見えるよう、立ててしまいます。本体とフタが一緒になっているので、このまま出して使えます

キッチンペーパー

引き出しの中でつっぱり棒に通す

深さのある引き出しにつっぱり棒を渡し、キッチンペーパーの芯を通します。隠す収納でキッチンまわりがスッキリ！

吸盤フック＋ヒモに通す

吊り戸棚の下に吸盤フックをつけ、麻ヒモなどを渡し、ヒモにキッチンペーパーの芯を通せば、料理中でもサッと取り出せます

レジ袋

マジックテープで束ねて S字フックに

S字フックをオープンラックなどに引っかけ、このまま吊るします。下から引っ張り出せ、レジ袋の長さで大小の見分けもつきます

アルミホイル・ラップ

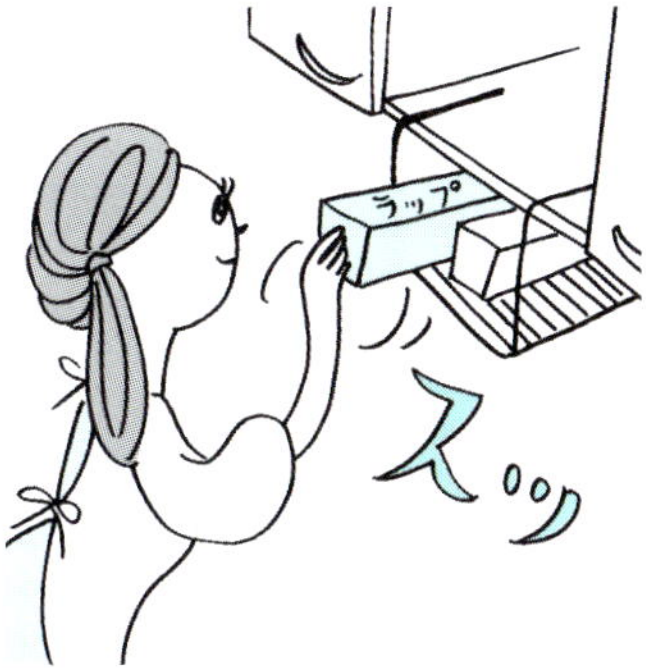

コの字ラックで空中収納

吊るすタイプのコの字ラックを調理台上の棚につけます。手が届きやすい場所なので便利。ラックはホームセンターや100円ショップなどで購入可

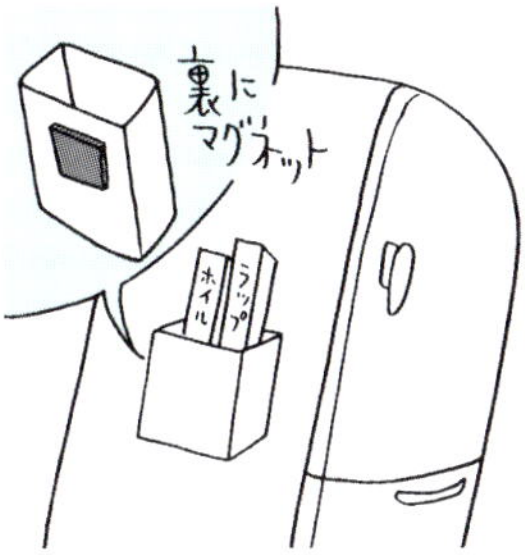

ファイルボックスに入れ 冷蔵庫脇にペタリ！

ファイルボックスに両面テープでマグネットをつけ、冷蔵庫脇のデッドスペースにつけます。見えにくい場所なので生活感を隠しつつ、使いやすさも○

乾麺は細長容器に入れる

プラスチック製の四角い容器に入れ、ふたには中身を書いてラベリング。四角い容器なら重ねることができます

レトルト食品は賞味期限を書いてカゴに立てる

上の面に賞味期限を大きく書いておけば、使い忘れ防止に。箱入りのモノは調理法が書いてあるので、開封後も外箱は捨てずに保存

ゴム手袋

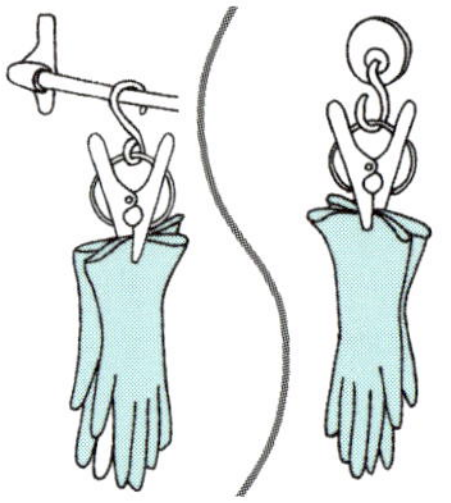

洗濯バサミに挟んで干す

洗濯バサミのついたフックや吸盤に挟んで、シンク上に吊るして干しておきます。水滴が垂れるのでシンク上がベストポジション

食材

開封したら
ジップつき袋に入れる

外袋には賞味期限や調理法が書いてあるので、捨てずに取っておきます。ジップつき保存袋に入れると、乾燥したり、しけたりしません

小袋入りは
ケースにピンチで留める

使いかけの小袋を大袋と一緒にケースに入れると埋もれがち。ケースの縁にピンチで留めれば、袋の口を留めるのと埋没防止の一石二鳥

調味料

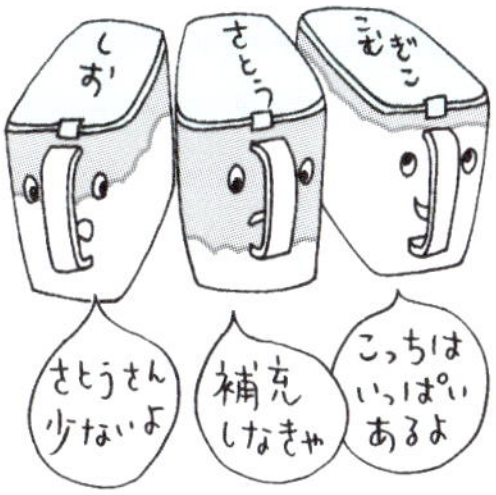

砂糖、塩、粉物は透明容器に入れる

ひと目で残量がわかるので在庫管理がラクに。みんな白いモノなので間違わないようにラベルを貼り、コンロの近くに置きます

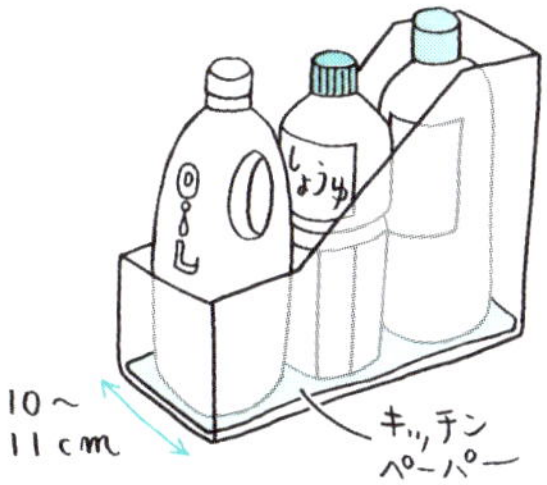

ファイルボックスに入れる

10〜11cm幅のボックスなら1リットル入りのサラダ油もすっぽり入ります。コンロ下に入れて、引き出して使えば、コンロ下の奥行きを活用して収納できます。底にキッチンペーパーを敷き、液ダレを吸収

よく使う調味料はコンロ脇に出しっぱなしでもOK

よく使う調味料はコンロ脇でスタンバイ。おそろいの容器に移し替えれば、見た目もスッキリ。トレーにまとめれば掃除もラク

ふきん

引き出しに縦向きにしまう

横向きにすると手前のモノばかり使うようになるのでNG。輪を上にしてしまうと収納力もアップ！

浅いカゴに入れて棚のすき間にしまう

おしぼりのように丸めてたたみ、深さのない浅めのカゴに入れ、食器棚やオープンラックすき間に置きます。場所をとらず、取り出しもラクチンです

Closet
クローゼットあるある NG集

服がギュウギュウでものすご〜く使いにくくなっていませんか？

着たい服をやっと見つけたと思ったら、他の服に引っかかって取り出せない！　取り出せたと思ったらシワシワ。たかが服一着を探すのに、毎回なにやってんだろ!?

NG

✕ お目当ての服はどこだ〜！

ハンガーをかけすぎで、どこに何があるのかわからず、服を探すのにハンガーをひとつずつかきわけて、いつもひと苦労。

NG

✕ ワンピースのすそがみんなシワだらけ！

服の下にモノを高く積み上げすぎで服のすそがシワシワ。たたみジワをつけないためにかけているのに、これじゃ、意味なし！

NG

✕ 衣装ケースの上にモノが山積み！

服の下の空きスペースに衣装ケースを置いたのはいいけれど、その上にバッグや一度着た服をポイポイ置いて、雪崩発生……。

NG

✕ 扉が閉まらず、インテリアも台なし

衣装ケースの前にティッシュなど日用品のストックを置いたり、衣装ケースが開きっぱなしで、クローゼットの扉が閉まらない！仕方がないので開けっぱなし。

NG

✕ 上の棚がガラ空きでもったいない！

手が届きにくい上の棚がスカスカ。ふとん圧縮袋などが無造作に置かれていたり、空のダンボール箱がポツンと置いてあることも。

Closet

クローゼット

ここだけ押えるべし！

「かける」と「たたむ」で服を分けると服が傷まず、収納量も使いやすさもアップ

何でもかんでもハンガーにかけてしまいがちですが、そうするとハンガーゾーンがすぐにいっぱいになり、出し入れしにくくなってしまいます。服はかけるよりもたたむ方が収納量は多く、服の素材によっては、ハンガーにかけると伸びてしまうことも。クローゼットをうまく使いこなすには、「かける服」と「たたむ服」に分けてしまうことがポイントです。しまう服の分け方は、コート、ジャケットなどの大物衣類や、シワなりやすいシャツ、ワンピースはハンガーにかける、キャミソールやニット、トレーナー、Tシャツなど、かけると伸びやすい服はたたんで衣装ケースにしまいます。

かける服の適量は8割が基本。ハンガーがスムーズにスライドできる程度です。服をギュッと寄せて、出し入れするようでは詰め込み過ぎ。またジャケットはジャケット、パンツはパンツとアイテムをまとめてかけると自然と丈がそろい、かけた服の下に衣装ケースが置きやすくなります。ケースは3段組みのモノよりも1個ずつ分かれているモノの方が、スペースに合わせて高さを調整できるのでオススメ。最後に、クローゼット上の棚は、オフシーズンのモノやたまにしか使わないバッグなどの収納に活用しましょう。

クローゼットのしまい方

上の棚

上の棚は手が届きにくいのでオフシーズンのモノや中長期保存のモノ（イベント用品、思い出のモノ、2人目用のベビー用品など）をしまいます。

軽くて通気性もよい不織布製のケースで、引っ張り出しやすいように持ち手つきのモノがベスト

市販のハンギングラックにふだん使いのニットや帽子、ストールなどの小物を入れます

衣装ケースはかけた服の丈に合わせて階段状に置き、下着、インナー、ニット類、靴下などを入れます

ハンガーゾーン

端から丈の長い順にコート、ワンピース、ジャケットと並べると、かけた服の下の空間が有効に使えます

左右にできるデッドスペースには、アイロン台、スーツケース、ゴルフバッグ、スノーボードなど、長いモノを入れます

衣装ケースの上は出し入れしやすいので、よく使うバッグを置きます

Closet
クローゼット
コツ6

1 ハンガーの向きをそろえればスッキリ！

ハンガーは向きがバラバラだと服の中に隣の服が入ったりして、ゴチャつく原因に。前身ごろがすべて左側になるように入れると、自然とハンガーの向きがそろい省スペースになります。また、ハンガー自体を同じモノでそろえると見た目も◎。

2 クリーニングの袋をはずしてカビ防止

ビニール袋をかけっぱなしにしておくと、湿気がこもってカビの原因に。ホコリが気になる場合は、ビニールの肩の部分だけを残しておきましょう。またクリーニング店のハンガーは、次にクリーニングに出すときに返却して、ハンガーの数を増やさないように。

3 アイテムごとにまとめて収納量UP

コート、ジャケット、シャツなどアイテム別にまとめてかけます。服が選びやすくなるだけではなく、手持ちの服を把握でき、コーディネートの幅がグ〜ンと広がります。また、自然と服の丈がそろうので、下の空きスペースが断然使いやすくなります。

4 衣装ケースの前にモノを置かない

衣装ケースをクローゼットの奥の壁にピッタリつけると、手前が少し空くことがありますが、そこにモノを置くと、ケースは開けにくいは、扉はしまらないはというハメに。ケースの前面をクローゼットの扉ギリギリのラインにそろえて、モノを置くのを防止して。

5 織り物はかける、編み物はたたむ

織り物とは毛や綿などの糸を縦横に織ったモノ。コート、ジャケット、ワイシャツなどがあり、伸縮性がなくシワになりやすいのでハンガーにかけます。編み物とはTシャツ、ニット類のように糸を編んで作ったモノ。伸びやすいのでたたんでしまうのが基本です。

6 1日に1回は開けっぱなしにして通気性よく

クローゼットは通気性が悪いので、1日中閉めっぱなしにするとカビの原因に。出かけている間、夜寝ている間などは、扉を開けっぱなしにして風を通しましょう。

Closet
クローゼット モノ別しまい方

スカート

スカートについているヒモをハンガーに引っかける

ウエスト部分についているヒモをハンガーにかて。ハンガーに引っかける部分がない場合は、針金ハンガーを曲げると簡単に作れます

柔らかい素材のモノはたたんで衣装ケースに

ポリエステル、テトロン、レーヨンなど柔らかい素材のスカートは、フワッとたたんで衣装ケースの中にしまいます

ベルト

S字フックに引っかける

S字フックひとつにつき、2個までがベスト。欲張って3個にすると、途端に取り出しにくくなります

ズボン

折ってハンガーにかける

半分に折ってからかけます。ひざ部分はシワになっても気になりにくいので、ひざあたりにハンガーが当たるようにかけるのがコツ

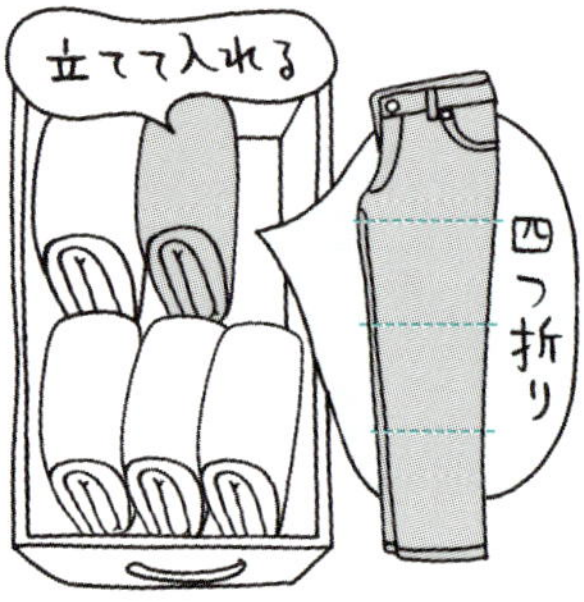

綿パンやジーンズはたたんで衣装ケースに立てる

シワが気にならないズボンはハンガーにかけなくてもOK。4つ折りにして輪の部分を上にして立てます。重ねると下のモノが取り出しにくいのでNG

ストール

ハンガーに結びつける

ストールが重ならないように、1つのハンガーに結びつけるのは3本まで。フンワリ結ぶとシワになりにくく、取り外しやすい

バッグ

自立するバッグはそのまま立てる

カラーボックスを横置きにしてクローゼット上に収納。カラボの棚板を仕切り代わりにして。また、その上にモノがさらに置けて便利

自立しないモノは、バッグinバッグで立てる

布製など自立しないバッグでも、中に小さめのバッグを2～3個入れると立ちます。小さなバッグもまとめてしまえて一石二鳥！

ネクタイ

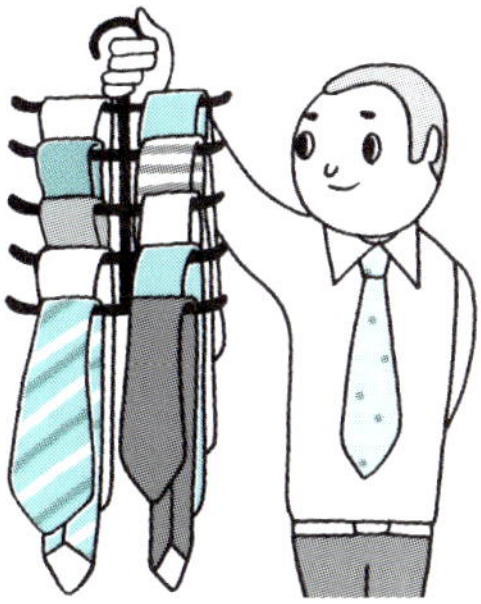

ネクタイハンガーにかける

通販などにあるネクタイハンガーを利用すると、ネクタイの柄が見えて選びやすくなります。ただし、ひとつのバーにネクタイ1本だけがルール

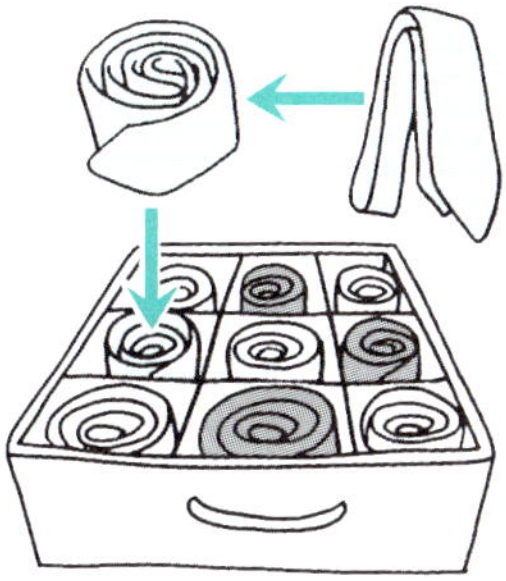

4つ折りにしてから丸めてしまう

ネクタイを4つ折りにしてから、クルッと丸め、100円の仕切り板で仕切った引き出しにIN。上からパッと見て、手持ちのネクタイがすべて把握できて便利です。これなら数が限定できるので、増えすぎ防止に役立ちます

Oshiire
押し入れあるあるNG集

ポンポン、モノを押し込んで、奥の方はミステリーゾーンになっていませんか？

入るだけモノを押し込んで、出し入れしにくいったら、ありゃしない！ そういえば、奥にしまったモノは引っ越してから1度も見たことがない……なんてことも。

NG

✕ 何でもかんでも入れてしまい奥のモノは謎の物体！

とにかく詰め込みすぎ！ 行き当たりばったりに入れてるから、奥のモノが取り出せない。死蔵品と化したモノまでしまい込んでいる。

NG

✕ 何かにつっかえて閉まりませ～ん！

衣装ケースや紙袋、服などが、飛び出してふすまが閉まらない。これじゃ、お客さまは和室にはお通しできません！

NG

×　つっぱり棒にかけすぎで、ついに崩壊！

押し入れ1間分につっぱり棒を渡して、服をかけ放題。重さに耐えきれず夜中に突然、崩壊したり、ベニヤの壁に穴が空くという悲劇が発生。

NG

×　何でふとんの上に扇風機がのってるの？

押し入れの上段にしまってある来客用ふとんの上に、行き場のない、扇風機や電気ヒーターなどの季節家電がポツン！と置いてあったり……。

NG

×　1年ぶりに開けたら、大切なモノがカビだらけ！

湿気の多い下段にひな人形、五月人形、アルバム、思い出のベビー服などをしまい込んだばっかりにカビだらけ。大切なモノが、あぁ～無残！

Oshiire

押し入れ
ここだけ
押えるべし！

「奥」を使いこなす者は「押し入れ」を制する

「押し入れって意外とモノが入らない」という不満を感じている人は多いもの。でも実は、あなたが思っている以上に、押し入れは広い空間なのです。1間分の押し入れに入っているモノをぜんぶ出して並べてみると、6畳間が埋まるほど。では、なぜ「モノが入らない」と感じるのか？　その理由は、奥のスペースが使いこなされずに、「死んでいる」からです。

押し入れを目いっぱい活用するには、まず「手前」と「奥」の2つの空間に分けて考えるのがカギ。出し入れしやすい「手前」には、ふだんよく使うモノをしまうのが基本です。「手前」をあまり使わないモノが占領していたら、押し入れの使い勝手が悪くなるのは当然。一方、使いにくい「奥」は、ホットカーペットや扇風機などシーズンオフのモノをしまいます。また、押し入れの奥行きを活かすには、キャスターや取っ手つきで引き出せる収納グッズを活用。ラクに引き出せれば奥まで使いこなせます。「天袋」は、思い出のモノや、年に1回しか使わないイベント用品の保管場所に利用。これで押し入れの広さをフルに使いこなせること間違いなし！

押し入れのしまい方

天袋

季節の飾りモノ、アルバムや子どもの作品など思い出のモノ、オフシーズンの服、ホットカーペット、こたつ布団、ブーツなど

上段

いちばん出し入れしやすい位置なので、ふだん使いのふとんなどよく使うモノをしまいます。衣装ケースや組立式ポールを使って衣類をしまっても○

衣装ケースに衣類をIN。衣装ケースの後ろにはホットカーペットなどを立てかけてもOK

下段

ミシン、アイロン、裁縫道具など衣類ケアグッズをひとまとめにして、手前に置くと便利。季節家電、ティッシュ・トイレットペーパーのストックなどは奥に

掃除機はふすまを開けたすぐの場所に置くと、ふすまをぜんぶ開けなくても取り出せます

Oshiire
押し入れ コツ5

1 よく使うモノは「上段×手前」が鉄則

押し入れのスペース分けには「手前」と「奥」の他にも、「上段」と「下段」という区分があります。立ったままモノを出し入れできる「上段」の方が使いやすいので、使用頻度の高いモノをしまいます。「上段×手前」はダブルで使いやすいので、毎日使うふとんや衣類など、もっともよく使うモノの指定席に。

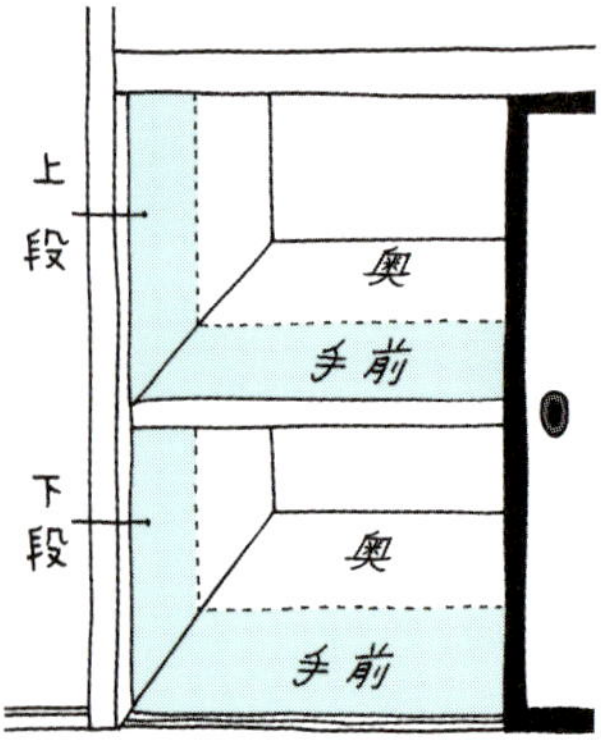

2 カラーボックスで奥行きを有効活用

押し入れの奥行きは通常80～90㎝あり、奥行き45㎝程度のハンガーラックを入れても、後ろにカラーボックスが入るくらいのスペースが空きます。そこを放置しておくのはもったいない！　ふだん使わないモノの収納場所にすれば、押し入れの奥行きを余すところなく活用できます。

3 キャスターつき収納グッズならラクに引き出せる

「奥」を使いこなすなら、奥行きのあるキャスターつきの衣装ケースや棚が便利。大きくて重いモノでも、キャスターつきならラクに引き出せます。これなら「奥のモノが取り出しにくい」「奥に何が入っているのかわからない」ということも防げます。

4 つっぱり棒はNG。ハンガーラックなら安定して◎

押し入れ1間につっぱり棒を渡して服をかけたら、服の重さに耐え切れず崩壊しがち。ハンガーラックなら脚つきなので安定し、服の量に合わせて長さも調整できて使い勝手◎。イラストのように、奥に棚がついたタイプもあるので、スペースが有効活用できます。

5 下段は湿気がたまるので注意！

下段には家電など湿気と関係のないモノや、よく出し入れするモノを入れるのが原則。湿気対策として除湿剤を入れる、新聞紙やすのこを敷く、週1回ふすまを開けて扇風機で送風するなどの工夫を。湿気を吸収しやすいダンボール箱は、下段には入れません。

季節家電

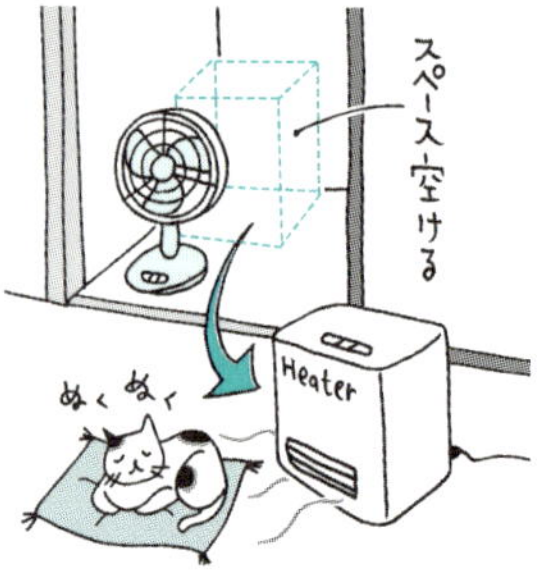

出番中でも収納場所をキープ

ストーブと扇風機を前後の縦一列に収納。ストーブの出番中は扇風機を手前に出して後ろを空けておけば、空きスペースにうっかり他のモノを置いてしまうこともありません

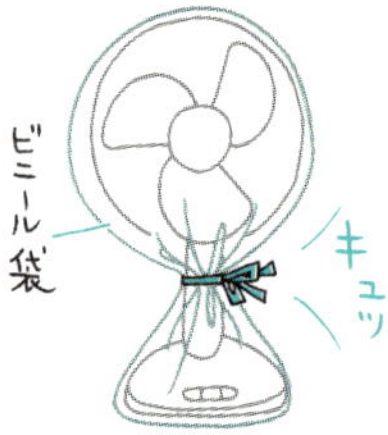

扇風機はホコリよけカバーをかける

ゴミ袋をかけたり、古いバスタオルなどを巻いて、首の部分をヒモでしばります。100円ショップにある扇風機専用のカバーでもOK

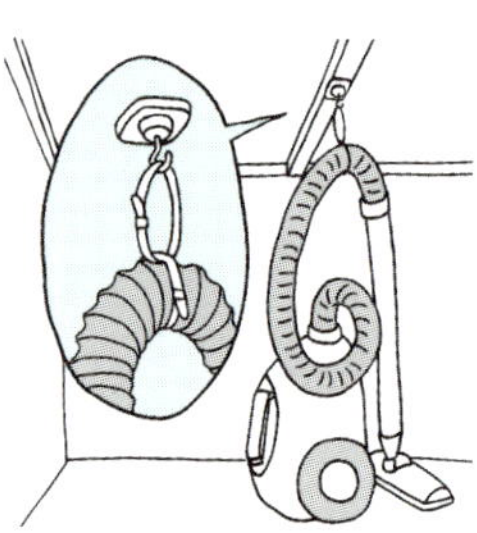

掃除機のホースはフックに引っかける

ホースに結束バンドを通して、押し入れの中板につけたフックに引っかけます。ホースを掃除機本体につけたままスッキリしまえます

Oshiire 押し入れ モノ別しまい方

来客用ふとん

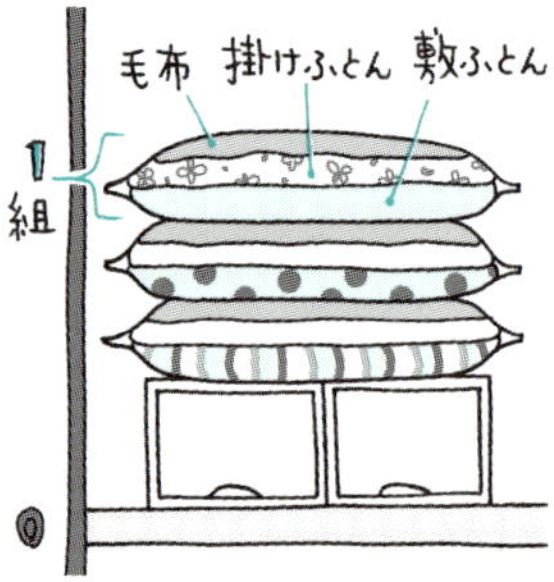

来客人数に合わせて開封できるよう1組ずつ圧縮

敷ぶとんは敷ぶとん、掛けぶとんは掛けぶとんで分けて圧縮すると、来客がひとりでもぜんぶ開封するハメに。1組ごとに圧縮袋に入れて

1組しかないなら丸めて立てて収納

敷ぶとん、掛けぶとんをそれぞれ縦半分に折ってから丸めて、ヒモで固定して立てます。1組だけなら圧縮袋を使わなくてもこれでOK

思い出のモノ

思い出箱を１箱だけ作る

思い出のモノはこの１箱に入る分だけと決めて、はみ出したら選別して処分を。お気に入りの箱にすれば片づけも楽しくなります

子どもの作品

写真を撮ってから作品箱にしまう

子どもが作品を持って帰ってきたら、作品と一緒に写真を撮っておきます。しばらく箱に保管し、いっぱいになったら選別して処分。写真があるので、心置きなく処分できます

作品の一部を切り取りアルバムに入れる

作品のお気に入りの部分を写真サイズに切り取り、作品を持たせて撮った子どもの写真と一緒にアルバムにIN。子どもの成長と作品を同時に見ることができて、よい思い出に

裁縫道具・アイロン

ラックにまとめてIN

収納に困るミシン、裁縫道具、アイロン、スムーザー、布類など裁縫やアイロンまわりのグッズはカラーボックスにまとめ、押し入れ下段へ。キャスターをつければ、取り出しやすさも抜群

イベントグッズ

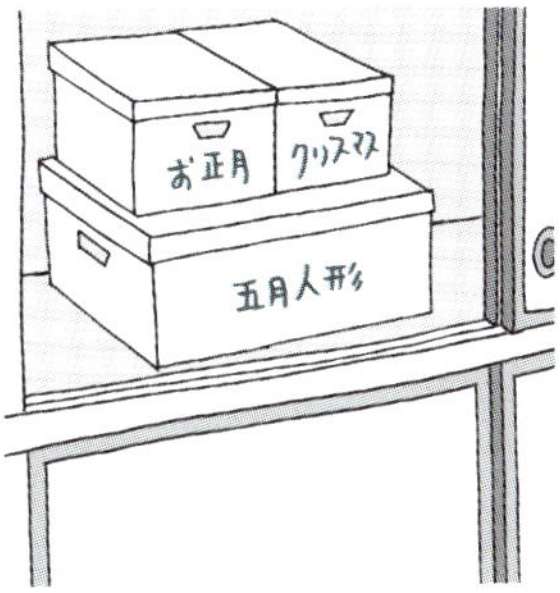

「１イベント＝１箱」に分けてラベリング

お正月、ハロウィン、クリスマスなどイベントごとに箱に入れて保管。ラベルを貼ったり、マジックで書くと探しやすくて管理もラク

Hikidashi
引き出しあるある NG集

テキトーに詰め込んでいるから探し物が多くなっていませんか?

着たい服を探していたら、忘れていた服を発見したり、似たようなタイツがいくつも出てきたり。お目当てのモノが見つからなくて、いつも引き出しをかき回すハメに。

NG

× 服が見つからなくて、遅刻しそう!

服を重ねて入れているので、下の方のモノを引っぱり出すたびに中がグチャグチャに。直すのが面倒くさいから、ゴチャつき放題。

NG

× 引き出しを開けた瞬間、タイツがポンッ!

丸めたタイツをギュウギュウに詰め込んでいるので、引き出しを開けた瞬間、タイツが勢いよく飛び出して、朝からビックリ!

NG

✕ 開かない引き出しに、イライラが最高潮！

目いっぱい詰め込んだ引き出しの奥のほうに、何かが挟まって開かない。力ずくで引っぱったら、挟まっていた服が破けた！

NG

✕ 服がはみ出して閉まらない。見た目も最悪！

引き出しが開きっぱなしでは、おしゃれなインテリア小物も、まったく意味なし！　こんな部屋じゃ、彼氏も呼べないよ〜！

NG

✕ えぇ〜！泥棒が入ったあと!?

下の段が開きっぱなし、その上の段も開きっぱなし。開いた引き出しの上にさらに服が出しっぱなし。部屋を荒らされたあとみたい！

Hikidashi

引き出し
ここだけ
押えるべし！

衣類は重ねずに「立てて」入れるべし！

開けた瞬間、パッと見て、入っているモノすべてが見渡せるようするのが、いちばん使いやすい引き出しのしまい方です。それには、衣類を「重ね」ずに「立てて」入れるのが鉄則。重ねると下の衣類が見えなくなり、掘り起こさないと取り出せないので、1着出すにもすぐにゴチャついてしまいます。立ててしまえばワンアクションで取り出せます。下に隠れている衣類がないので、入っている衣類すべてが一目瞭然。着忘れる服もありません。

また実は、立てて入れると、重ねたときより収納量が約1.5倍に増えます。引き出しがパンパンで開け閉めしにくいという人は、衣類をすべて立ててみてください。あんなにギュウギュウだったのが、ウソのようにスッキリ収まるはずです。

重ねてしまっている人は、1度、中身を全部出さなくてはならないので「面倒くさい～！」となりがち。でも、ここでやるか、やらないかで、この先の引き出しの使いやすさが激変します。今、やらなければ、ゴチャつく引き出しと一生つきあうことになるのです。まずは、引き出し1段分からトライしてみましょう。

引き出しのしまい方

中段
Tシャツ、ワイシャツ、キャミソール、ポロシャツ、セーター、カーディガン、トレーナー、パーカーなど

上段
ハンカチ、ネクタイ、靴下、下着、アクセサリーなど、小さいモノや軽いモノ

衣類は輪を上にして立ててしまいます。引き出しの中は、手前と奥に分けて入れます

下段
ジーンズ、ズボンなど重い衣類

Hikidashi
引き出し コツ5

1 「1段＝1アイテム」だとゴチャつかない

衣類をしまう場合は、タイツとストッキングだけの引き出し、ズボンやジーンズなどボトムスだけの引き出しなど「1段＝1アイテム」にします。引き出しのスペースが余る場合は、アイテム別にブックエンドなどで仕切って、別のアイテムをしまってもよし。

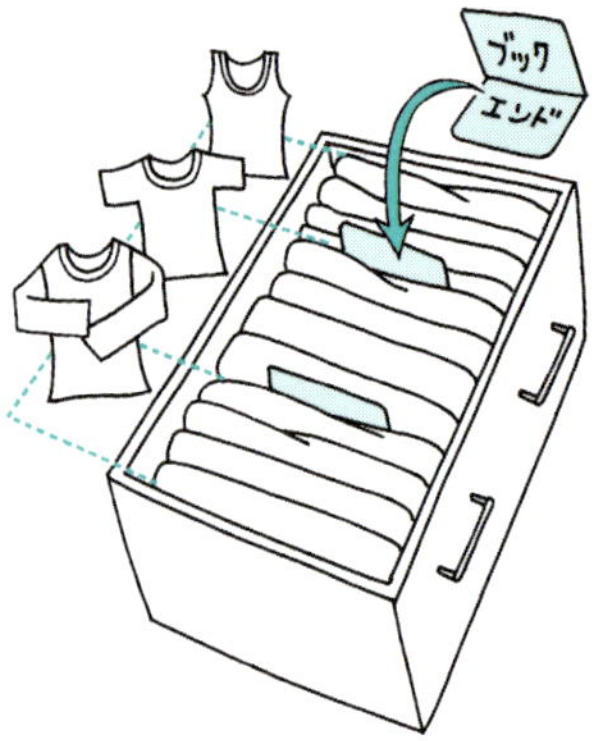

2 ラベルを貼ると、出すときもしまうときも迷わない

ラベリングすれば、あちこち開けなくても、お目当てのモノが入っている引き出しを1回で開けられます。また衣類をしまうときも、テキトーにしまうことがなくなり、ゴチャつき防止に効果大。どこに何が入っているかひと目でわかり、家族の「アレどこ?」がなくなります。

3 引き出しの大きさに合わせてたたむと収納量増

たくさん収納したいときは、衣類を引き出しの高さと幅に合わせて、四角い形なるようにたたんでしまいます。上下左右にムダな空きができないので思いのほか、収納量がUP！　丸めてしまうよりも、厚みが抑えられるので幅もとらず、スッキリします。

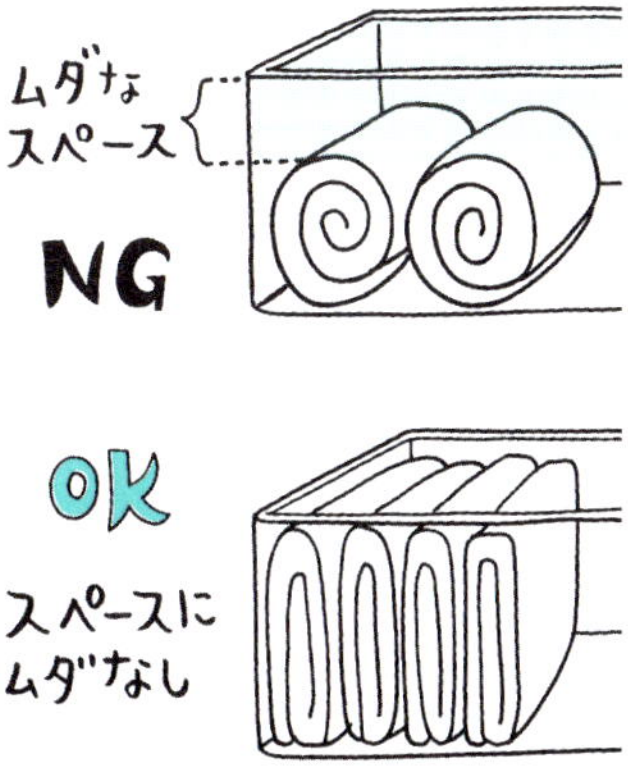

4 横2列に入れると「特等席」が増える

引き出しを「手前」と「奥」に二分して、衣類を横2列に入れると、手前の1列ぜんぶが「特等席」になります。出し入れしやすい「特等席」に入る衣類の数が増え、着替えも手持ちの衣類の把握もラク。縦2列に入れると手前の1部しか「特等席」になりません。

5 小さいモノは上、大きいモノは下にしまう

引き出し式の衣装ケースを数段重ねて置いている場合は、上のケースにズボンなどの重いモノを入れると、引き出したときに安定が悪くなり、ケースが倒れる危険性も。軽いモノは上、重いモノは下のケースしまうと安定がよく、出し入れもスムーズになります。

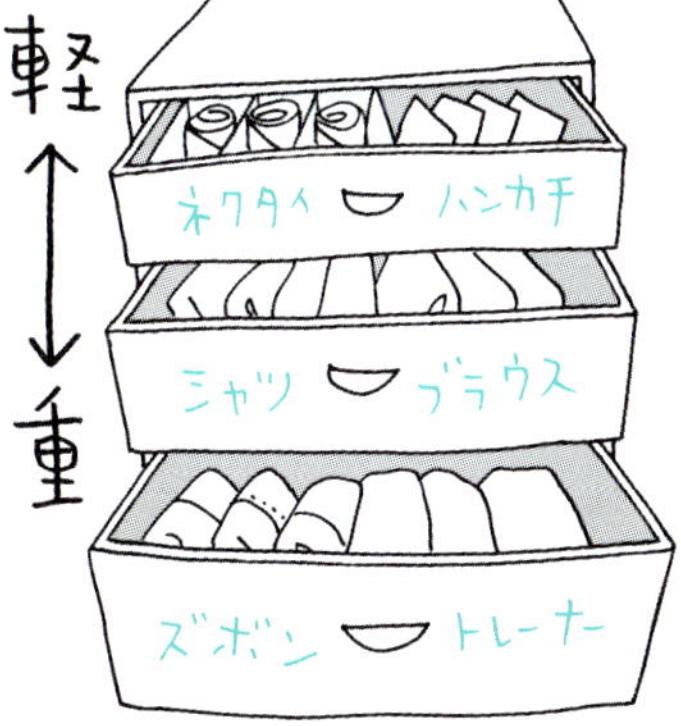

Hikidashi 引き出し モノ別 しまい方

長袖Tシャツ

❶
後ろ身ごろを上にして置く

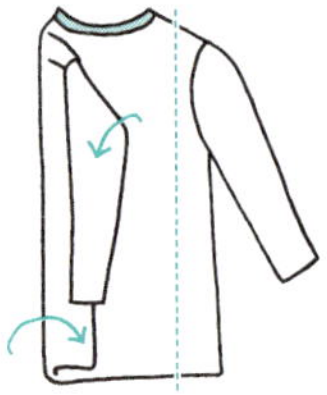

❷
身ごろの幅が、引き出しの奥行きの半分または3分の1になるように両脇を折り、両そでを折り返す

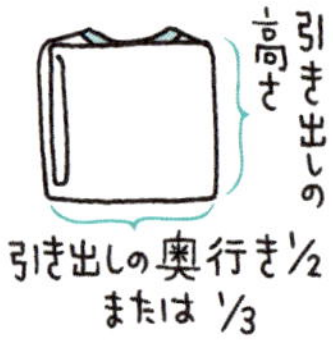

❸
引き出しの高さに合わせて、すその方から3つ折りにする

❹
表に返して、輪を上にして立ててしまう

半袖Tシャツ

❶
後ろ身ごろを上にして置く

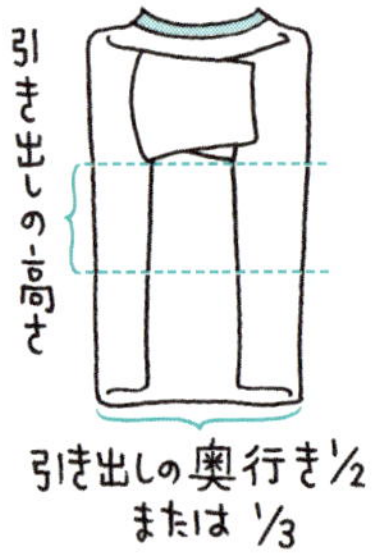

❷
身ごろの幅が、引き出しの奥行きの半分または3分の1になるように両脇を折る。引き出しの高さに合わせて、すその方から3つ折りにする

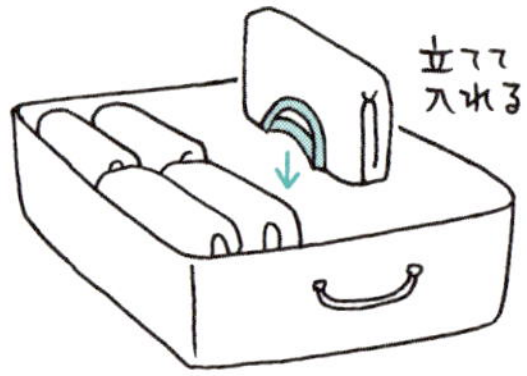

❸
輪を上にして立ててしまう

ジーンズ・ズボン

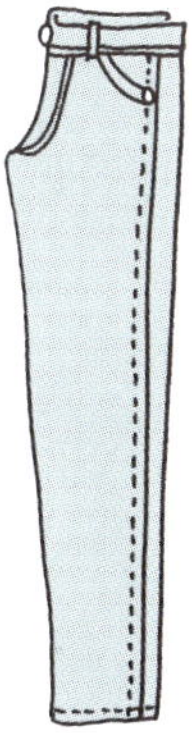

❶
ファスナー側を折り目に、縦半分に折る

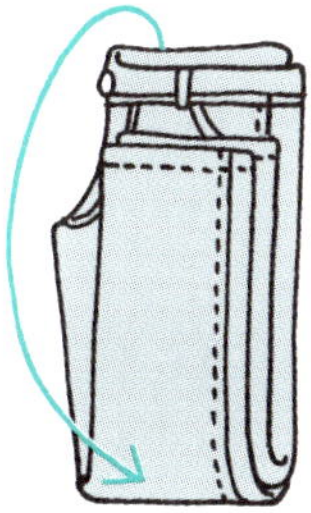

❷
ウエストとすそを少しずらして、半分にたたむ

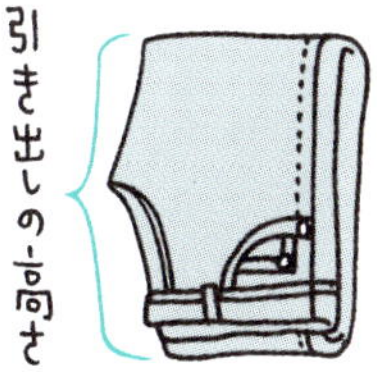

❸
さらに半分にたたみ、輪を上にして立ててしまう

ワイシャツ

❶
いちばん上のボタンと下から2番目を留める

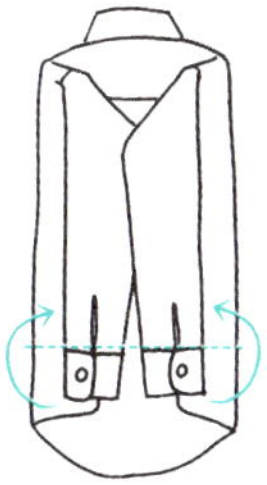

❷
後ろ身ごろを上にして身ごろの両脇を折り、両そでを折り返し、そで口で1回折る

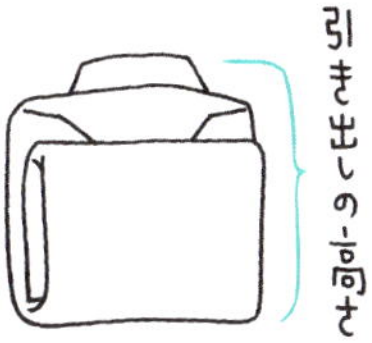

❸
引き出しの高さに合わせて、すその方から3つ折りにする

❹
表に返して、えりを上にして立ててしまう

パーカー

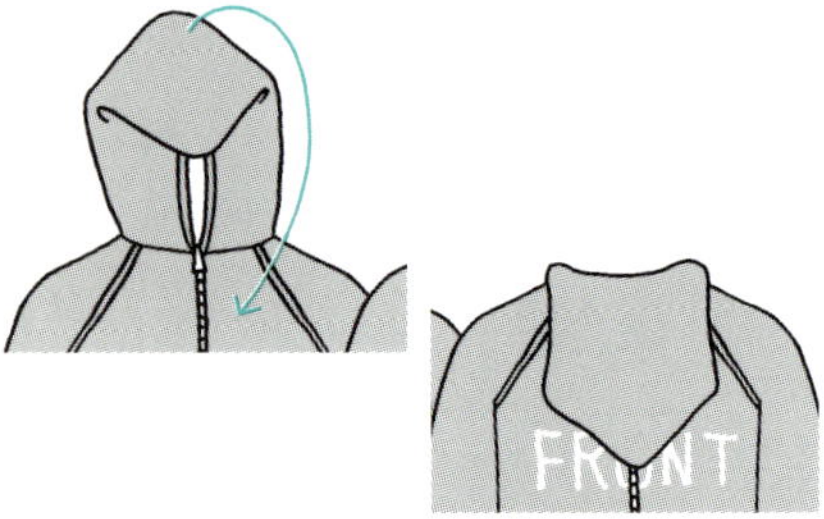

❶
フードは三角形にたたみ、前身ごろの方に倒す

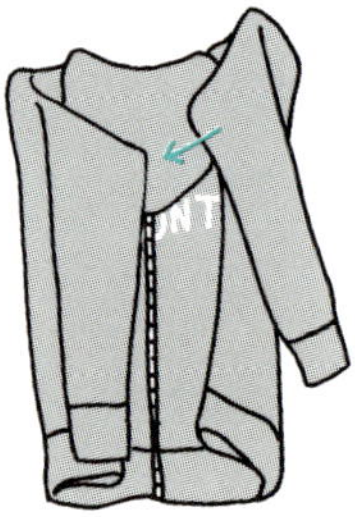

❷
前身ごろを上にして、身ごろの幅が引き出しの奥行きに合うように両脇を折り、両そでを折り返す

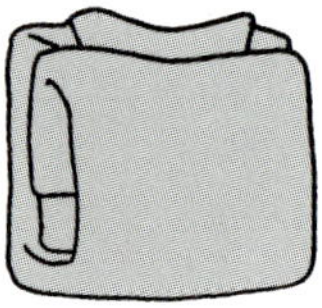

❸
引き出しの高さに合わせて、すその方から3つ折りにする。輪を上にして立ててしまう

セーター

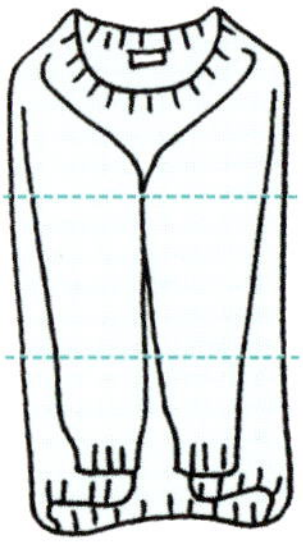

❶
前身ごろを上にして、身ごろの幅が引き出しの奥行きに合うように両脇を折り、両そでを折り返す

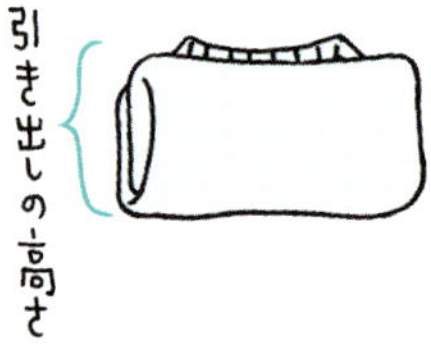

❷
引き出しの高さに合わせて、すその方から3つ折りにする

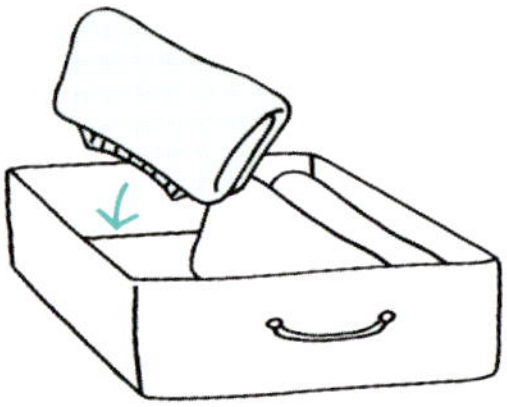

❸
輪を上にして立ててしまう

トランクス

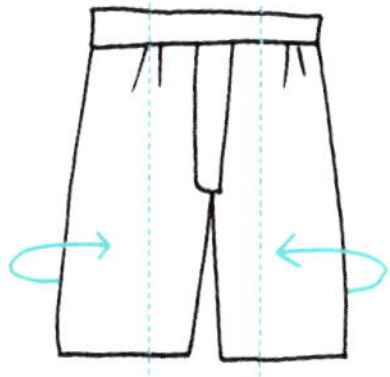

❶
3つ折りにする

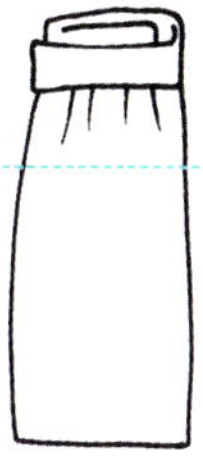

❷
ゴムに近い部分で1回折る

❸
すそをウエストのゴムの中に入れ、輪を上にして立ててしまう

ショーツ

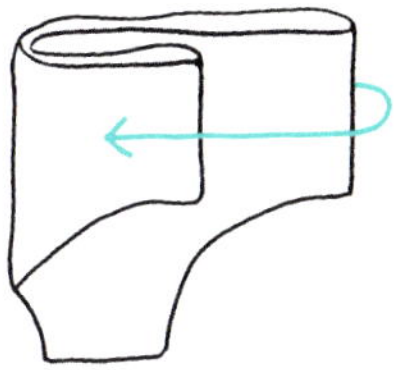

❶
縦に3つ折りにする

❷
またの部分をウエストのゴムの中に入れる

❸
四角い形に整え、輪を上にして立ててしまう

タイツ・ストキング

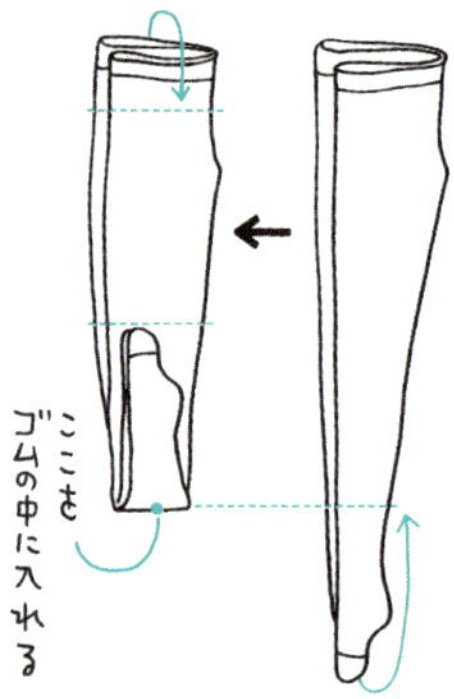

❶
両足をそろえて縦半分に折り、つま先の方から3つ折りにする

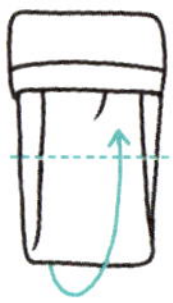

❷
全体をウエストのゴムの中に差し込みまとめる

❸
さらに2つにたたんで、輪を上にして立ててしまう

ブラジャー

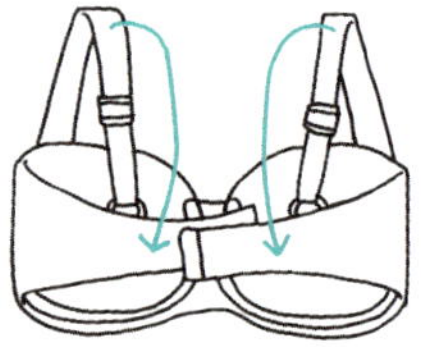

❶
肩ひもをカップの中に入れる

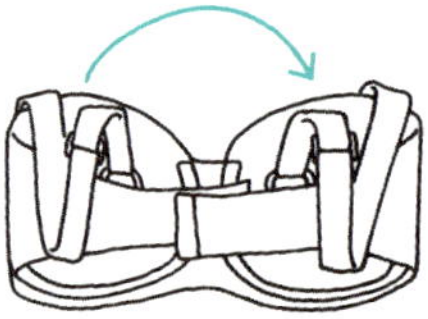

❷
肩ひもと後ろのバンドをカップの中に入れ、左右のカップを合わせる。セットのショーツを中に入れてもよい

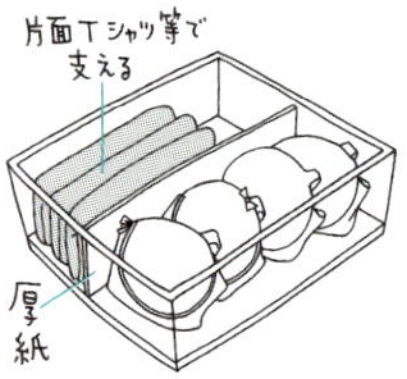

❸
型くずれしないように、厚紙で引き出しを仕切ってしまう。仕切りの厚紙が倒れないように、片面にTシャツなどを入れる

タオル

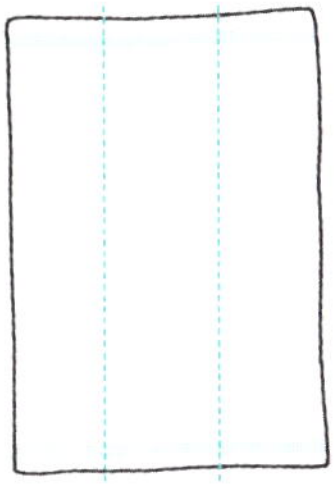

❶
3つ折りにする

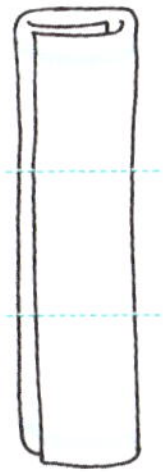

❷
引き出しの高さに合わせて3つ折りにする

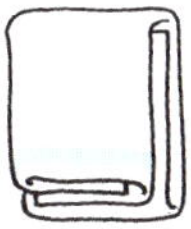

❸
輪を上にして立ててしまう

靴下

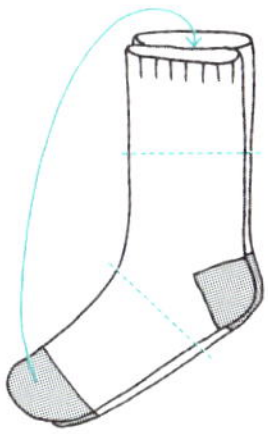

❶
左右の靴下を重ね合わせて、足首の方を折る

❷
つま先をゴムの部分に差し入れる。輪を上にして立ててしまう

スニーカーソックス

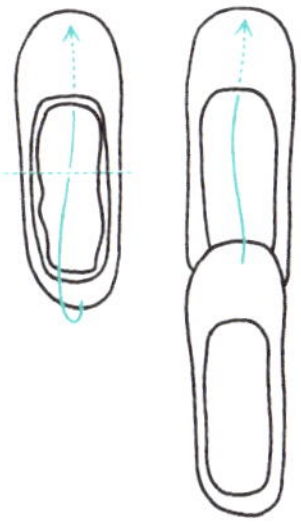

❶
片方の靴下をもう片方に入れて重ねる

❷
かかとをつま先部分に挟み入れる。輪を上にして立ててしまう

Sanitary サニタリーあるある NG集

モノがいっぱいで使いにくいし、見た目も悪くなっていませんか？

ついもらってしまうサンプル品や特売につられて買った洗剤ストックで棚も引き出しもびっしり。洗面台の上は所狭しとモノが置かれ、生活感がいっぱい！

× 4人家族なのに歯ブラシが7本立ってる!?

使っていない歯ブラシ、古いヘアワックス、同じような化粧品などで洗面台がいっぱい。必要なモノを探して毎朝イライラ！

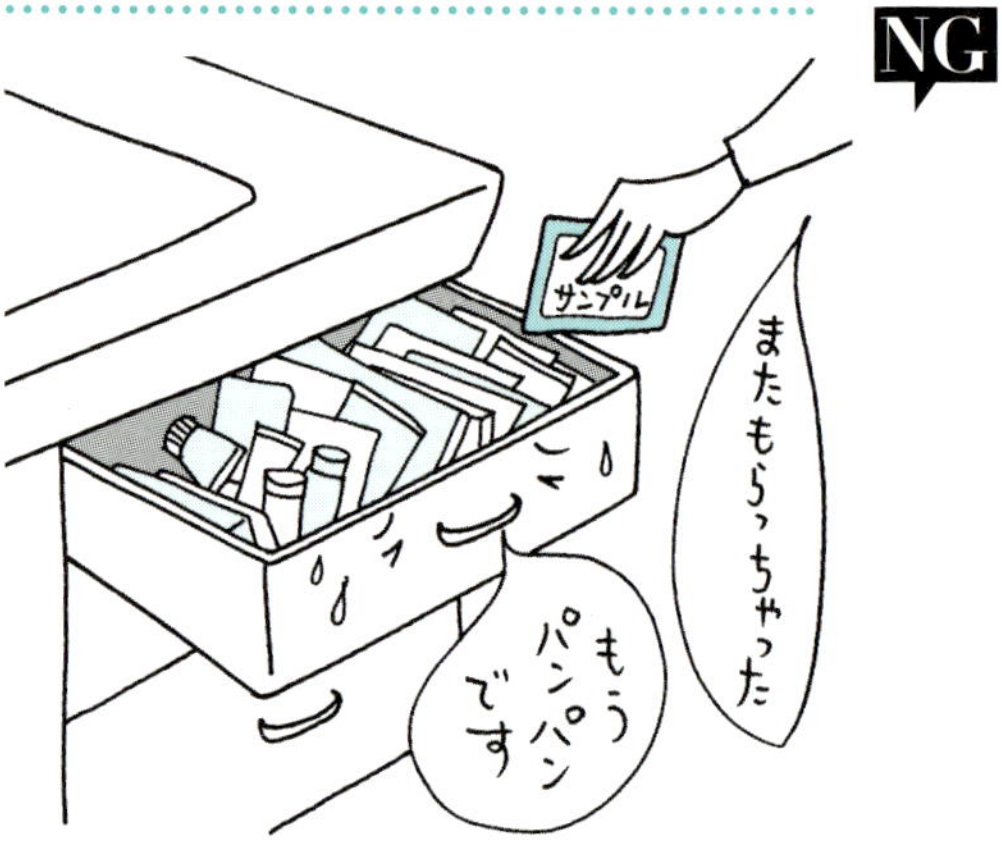

× サンプル品だけで引き出し一段分も！

タダだからと、ついもらってしまう化粧品のサンプルやホテルのアメニティグッズ……。数年前のモノまで埋蔵。

NG

✕ 洗面台下からストックがゾロゾロ出現！

洗剤やシャンプーなどのストック、掃除用品をポンポン放り込んで、何が入っているのかわからない。一体いくつ、ストックがあるの!?

NG

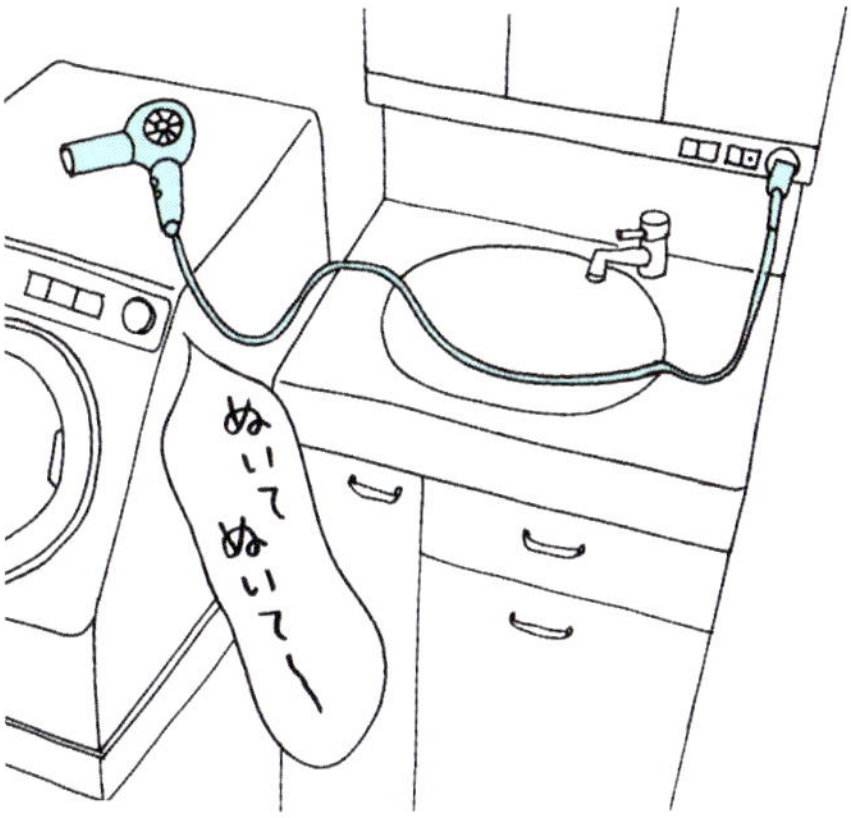

✕ コンセントにさしっぱなしじゃ、危ないよ～

ドライヤーのプラグがコンセントにささったまま放置されている。コードがビヨ～ンと伸びて洗濯機の上に置かれていることも。

NG

✕ これじゃ、美しいメイクはできませんっ！

洗面台でメイクするからと、ポーチがいくつも出しっぱなし。使っていないコスメまで一緒に入れ、口が閉まらず、中が丸見え。

Sanitary

サニタリー

ここだけ押えるべし！

自分の棚を決めて管理させるべし！ゴチャつきが減って、身支度もラクラクに

サニタリーは洗面や身支度に使うモノの他にも、洗濯、入浴、掃除グッズの収納場所にもなっているのでモノが集中しがちです。また、たとえばパパのヘアワックスとママの化粧品が混在して、使いたいモノがすぐに見つからずにイライラすることも。まずは洗面グッズを、洗面台の棚ごとに家族で使い分けましょう。パパグッズは鏡裏の上段左、ママグッズは上段右、家族みんなで使うモノは下段と決めます。自分の収納スペースは各自で管理するようにすれば、ママの片づけの手間も減るはずです。

洗面台の収納スペースが狭い場合は、パックやカラーリング剤など使用頻度の低いコスメ用品、洗剤などのストックはムリに詰め込まず、納戸など他の場所に移動させることを考えましょう。

また、洗面所は衛生面を重視したいにもかかわらず、髪の毛や歯磨き粉の飛び散りなどで汚れやすい場所。出しっぱなしのモノが多いと掃除がしにくくなり、不衛生になりがち。洗面台に出しっぱなしなのは、ハンドソープだけというのが理想です。ビニール袋を入れた空き箱をゴミ箱代わりにして引き出しに入れておくと、ゴミがすぐに捨てられ、邪魔にもなりません。

サニタリーのしまい方

鏡裏の上段左：パパグッズ
ひげ剃り、ヘアケア用品など

使用頻度の低いスキンケア用品、歯磨きや化粧品のストック、子どもの髪留めなど

鏡裏の上段右：ママグッズ
ママが毎日使うスキンケア用品、メイクグッズなど

鏡裏の下段左：
家族で使うモノ
家族分の歯ブラシ、歯磨き粉、歯間ブラシなど

鏡裏の下段右：
家族で使うモノ
ヘアブラシ、ドライヤーなど

引き出し上段
ティッシュ、綿棒、コットン、ゴミ箱（空き箱にビニール袋を入れたモノでOK）

引き出し中段
ふだん使いのフェイスタオル

引き出し下段
ふだん使いのバスタオル

洗面台下
洗濯洗剤、柔軟剤とそのストック、掃除用品、シャンプーやボディソープのストックなど

Sanitary
サニタリー
コツ3

1 コの字ラックを置くとスペースにムダなし

洗面台下は高さがあるので、スペースをムダなく使うためには、コの字ラックで高さを仕切るのがオススメ。洗面台下には排水管があるので、棚を渡すよりコの字ラックの方が便利です。排水管の左右に置くと、スペースが有効に使えます。

2 「体に触れるモノ」を基準に考えると衛生的

トイレ用洗剤と歯ブラシのストックを一緒に置くのは、なんだか不衛生。たとえストックでも、直接体に触れるモノとそれ以外のモノは、上の棚と洗面台下に分けて置きます。洗面台下をストック置き場にしている場合は、カゴなどで仕分けて。

3 「今使っているモノ」と「使っていないモノ」を分けて置く

狭いサニタリーを使いやすくするには、使用中のモノだけを出し入れしやすい棚や手前に置きます。ストックや使用頻度が低いモノが特等席を占領するのはNG。

Sanitary
サニタリー モノ別しまい方

コスメ・ヘアケア用品

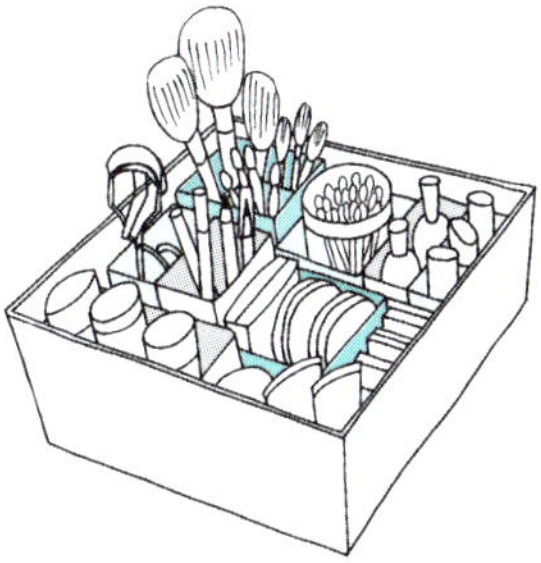

空き箱でとことん仕切る

引き出しの中を空き箱や、もともと化粧品が入っていた箱で仕切って定位置を決めれば、中もゴチャつきません

引き出しをポーチで仕切る

引き出しの中を雑誌の付録のポーチで仕切ります。多い場合はアイテム別に、少ない場合は、使用頻度で分けて

シュシュはラップの芯に通す

ひと目で手持ちのモノがぜんぶ見えて便利です。ゴムは伸び縮みするので、まん中のモノを取るのも簡単。引き出しの中に入れて

タオル

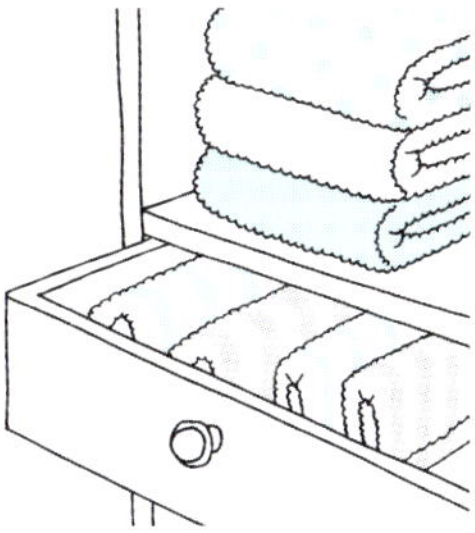

「輪」が見えるように立てて入れる

引き出しに入れる場合は「輪」が上、棚の場合は「輪」が手前になるように入れます。タオルが1枚ずつ取り出しやすくなり、見た目もgood!

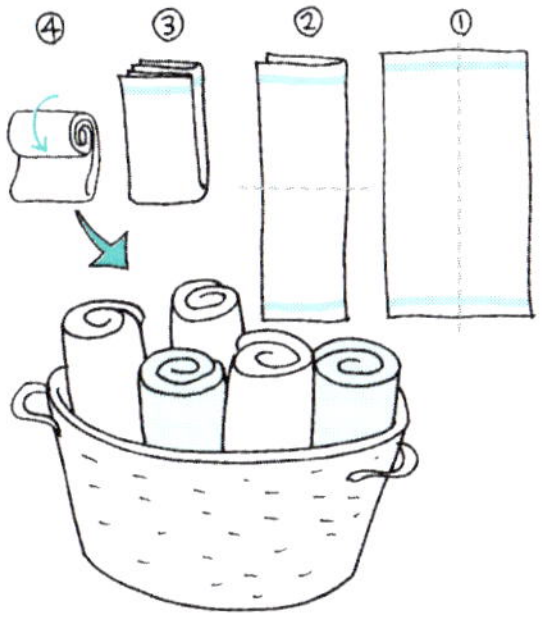

クルッと丸めてカゴに入れる

4つにたたんでから丸めて、渦巻きが見えるようにカゴにIN。カゴに重ねて入れると、下のモノが見えず、上のモノだけを使うようになるのでNG

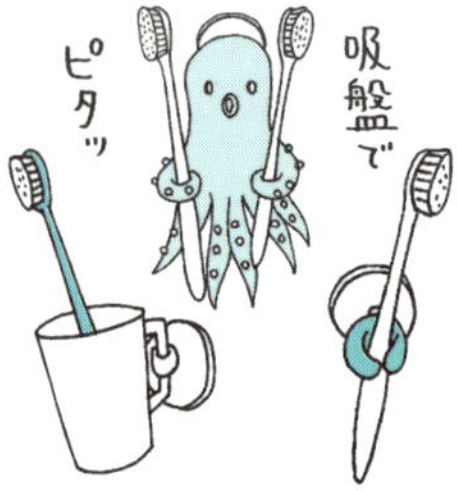

吸盤で鏡にペタリ！

洗面台に歯ブラシスタンドを置くスペースがないなら、雑貨感覚で見せて収納できる吸盤つきのモノが便利。お風呂場の鏡につけても

ドライヤー

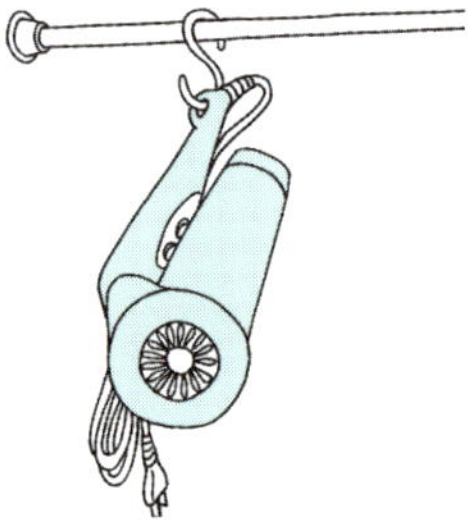

つっぱり棒＋S字フックで引っかける

洗面台の棚につっぱり棒を渡し、S字フックをかけて、ドライヤーについているリングを引っかけます。吊した方が場所を取りません

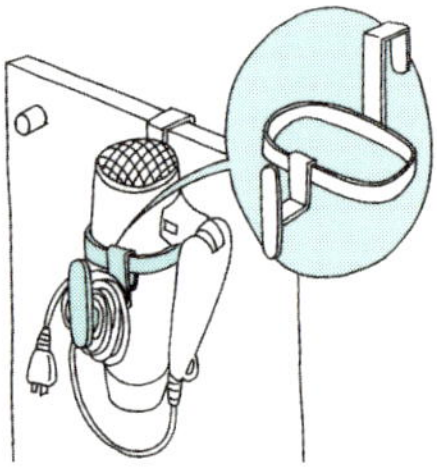

専用ホルダーで洗面台下の扉に引っかける

通販などで買える洗面台下の扉に引っかけるタイプのドライヤーホルダーを利用。場所をとらず、取り出しもラクラク！

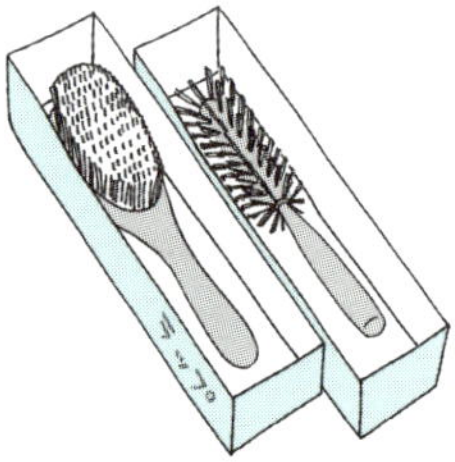

ヘアブラシはラップの空き箱にIN

ブラシの仕切りは、ラップの空き箱がジャストサイズ。このまま引き出しへ。汚れたら使い捨てOKです

歯ブラシ

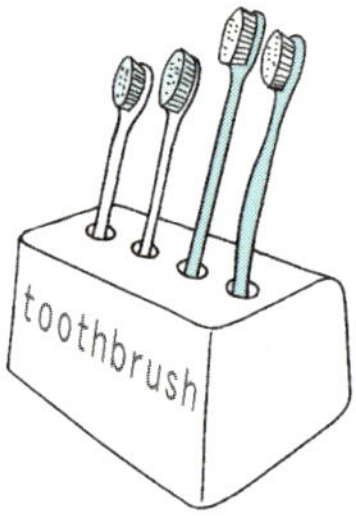

出しっぱなしなら歯ブラシスタンドで美しく

カップに立てて洗面台にポン！では、生活感アリ。陶器やガラス製など、素材感のあるおしゃれな歯ブラシスタンドに立てるだけで見た目がセンスUP！

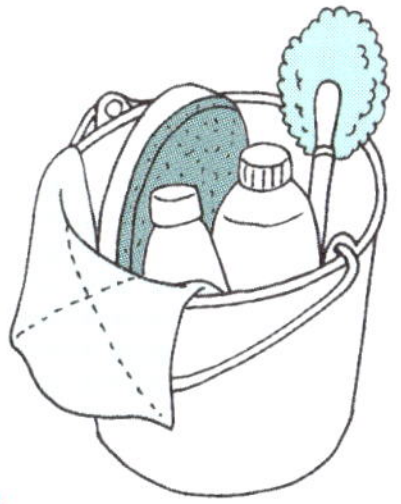

バケツで「お掃除セット」を作る

使わないときにバケツをカラにしておくのはもったいない！ ぞうきんやブラシなども一緒に収納できて便利です

ノズルに名前を書く

ノズルに油性マジックで「部屋用」「風呂用」と書いておけば、上から見てどの洗剤かがすぐわかり、迷いません

ハンガー・洗濯バサミ

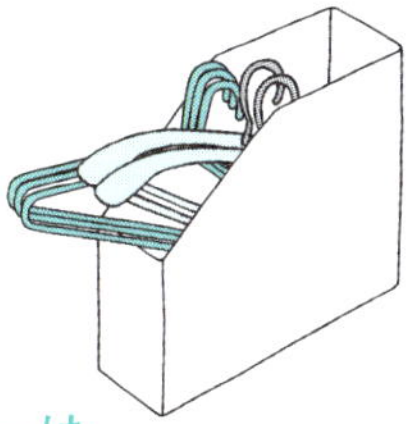

ハンガーはファイルボックスに入れる

バラバラになったり、絡まったりしません。ハンガーがまっすぐ立って、出し入れがラク。洗濯機横に置くと取りやすい

お風呂用おもちゃ

お風呂のおもちゃは洗濯ネットにIN

お風呂用おもちゃは、大きめの洗濯ネットに入れて、吸盤フックやタオルハンガーにS字フックをつけて引っかけます。収納と水切りが同時にできて◎

掃除用洗剤

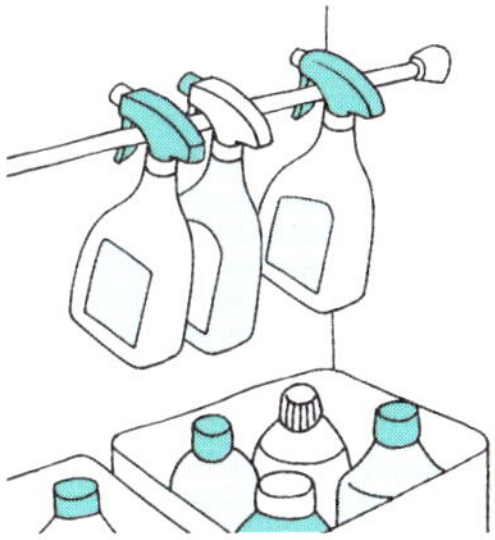

スプレータイプ洗剤はつっぱり棒で空中収納

洗面台下につっぱり棒を渡して、スプレータイプ洗剤を引っかけ収納。空中収納なら下のスペースが空くので、洗面台下の収納量がUP！

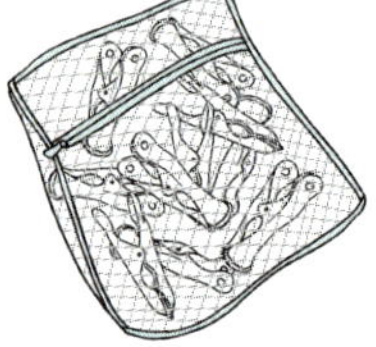

洗濯ネットに入れ ランドリーカゴにポン！

洗濯バサミ用の洗濯ネットを作ります。ランドリーカゴに入れておけば、洗濯物と洗濯バサミが一緒に移動できるので便利です

ストック類

用途別にカゴに入れ 洗面台下にしまう

掃除用洗剤、ボディ・ヘア・スキンケア用に分けておくと、ストックの量が把握しやすく、ため込み防止に。袋モノも立てて収納

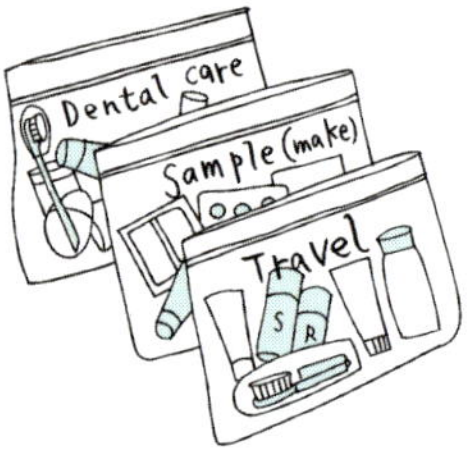

コマゴマしたモノは ジップつき袋にひとまとめ

旅行グッズ、化粧品サンプル、デンタルケア用品など細かいモノは、ジップつき袋に用途別にまとめ、カゴに立ててしまいます。「旅行グッズ」はこのまま旅行に携帯できて便利

ハンガーはつっぱり棒や 洗濯ラックにかけっぱなし

毎日洗濯するなら出しっぱなしが便利。つっぱり棒や洗濯ラックがあれば、洗濯物をその場でハンガーにかけ、最後にまとめてベランダに運べます

洗濯バサミはカゴにまとめて 物干し竿にかける

バラバラしがちな洗濯バサミは、フックのついたカゴにまとめてIN。物干し竿に引っかけておけば、干しながら手が届いて、使い勝手よし

Column

4

片づけ物語

夫婦のきずなを取り戻した話

表面上は片づけの問題のように見えても、実は夫婦や親子の問題が、奥にひそんでいる場合がしばしばあります。

ある夫婦は、仕事の関係でお互いの生活時間帯が違うことから寝室を別にしたのをきっかけに、いつの間にか“家庭内別居状態”にありました。相手がいない間はひとり暮らし気分で、使ったモノをあちこちに置きっぱなし。相手が散らかしたモノは片づけたくないし、散らかる原因のなすり合いに。夫婦の関係はますます悪化しました。「このままじゃいけない」と、夫の人事異動で生活時間帯が一緒になったのを機に、子どもが欲しかった奥さまが一念発起！私の整理収納レッスンに駆け込み、 リビングから片づけ始めたら、夫婦の会話が増え、お互いに今の状態を改善したいと考えていることが分かりました。そこからは夫婦団結して、モノが多かったひと部屋を子ども部屋にし、寝室を一緒に。その後、念願の子どもが誕生。今では素敵な家庭を築いています。

Entrance 玄関 あるある NG集

靴箱がゴチャゴチャで、出かけ間際に大慌てしてませんか？

履きたい靴を探してイライラ、帰宅すると散らかった玄関を見てガッカリ。玄関は家の顔なのにゴチャついてちゃ、イメージダウンになっちゃいます。

NG

✕ たたきに靴が散乱して、足の踏み場もない！

このうちは何人家族なの？と思うほど、たたきに靴が何足も出しっぱなし。靴が多すぎるうえに、しまい方にも問題あり。

NG

✕ 履きたい靴が見つからないよ〜！

靴をムリに押し込めて、テキトーに重ねて入れたり、靴と靴のすき間につっ込んだり、片方の靴が見つからないことも。

哀れ！ブランド靴がカビだらけ！

靴箱はただでさえ通気性が悪いのに、詰め込みすぎで中がムンムン。カビの温床に。箱に入れて大切にしている靴ほどカビやすい。

靴箱の上にモノが散乱！

郵便受けから取ってきたＤＭやチラシが、ワサッと置いたまま。隣に置かれたカワイイ小物が、どこかポツンと浮いている……。

総額いくら？たまりにたまったビニール傘！

外出先で雨が降るたびに買ったビニール傘で傘立てがいっぱい。傘の中に傘が入っていたり、丈の短い子どもの傘は埋没していたり。

Entrance

玄関
ここだけ押えるべし！

靴も衣替えして、よく履く靴は中段に。靴箱の扉も側面も使えば収納力アップ！

玄関に置くモノは靴、傘、子どもの外遊びグッズなど外で使うモノの他に、スリッパ、印鑑、鍵など細かいモノがあります。形や大きさ、用途がバラバラなので、使いやすくスッキリ収納するにはコツがいります。

まず、靴箱の使い方の基本は、手が届きやすい中段によく履く靴を入れること。春夏と秋冬ではよく履くモノが違ってきます。1年中、サンダルやミュールに中段を占領させず、シーズンオフの靴は上段に移動させ、季節によって靴も衣替えさせましょう。また玄関ドア側の靴箱には外遊びグッズや傘を入れると、持ち出しやすくなります。

靴箱にモノを収めきるには、靴箱の中だけではなく、小さな収納グッズを組み合わせて、上も側面もあますところなく使いきるのがカギ。扉裏や側面には粘着フックやつっぱり棒、タオルハンガーなどをつけて傘やスリッパを収納。靴箱の上にはトレイやカゴを置いて、外出時に携帯する小物を入れれば、サッと取り出せて忘れ物もなくなります。靴箱の中も、靴の高さに合わせて棚板の位置を調整したり、コの字ラックを使ってムダなすき間を減らして、収納スペースを確保すれば、靴箱の収納量が格段にアップします。

玄関のしまい方

上段
あまり使わないレジャーグッズ（レジャーシート、外用の折たたみイスなど）、シーズンオフの靴など

最上部
めったに履かない冠婚葬祭用の靴、下駄などを箱のまましまいます

靴箱の上
外出時に携帯する鍵や小物はトレーやカゴにまとめて入れます。鍵は壁にフックで吊るしてもOK

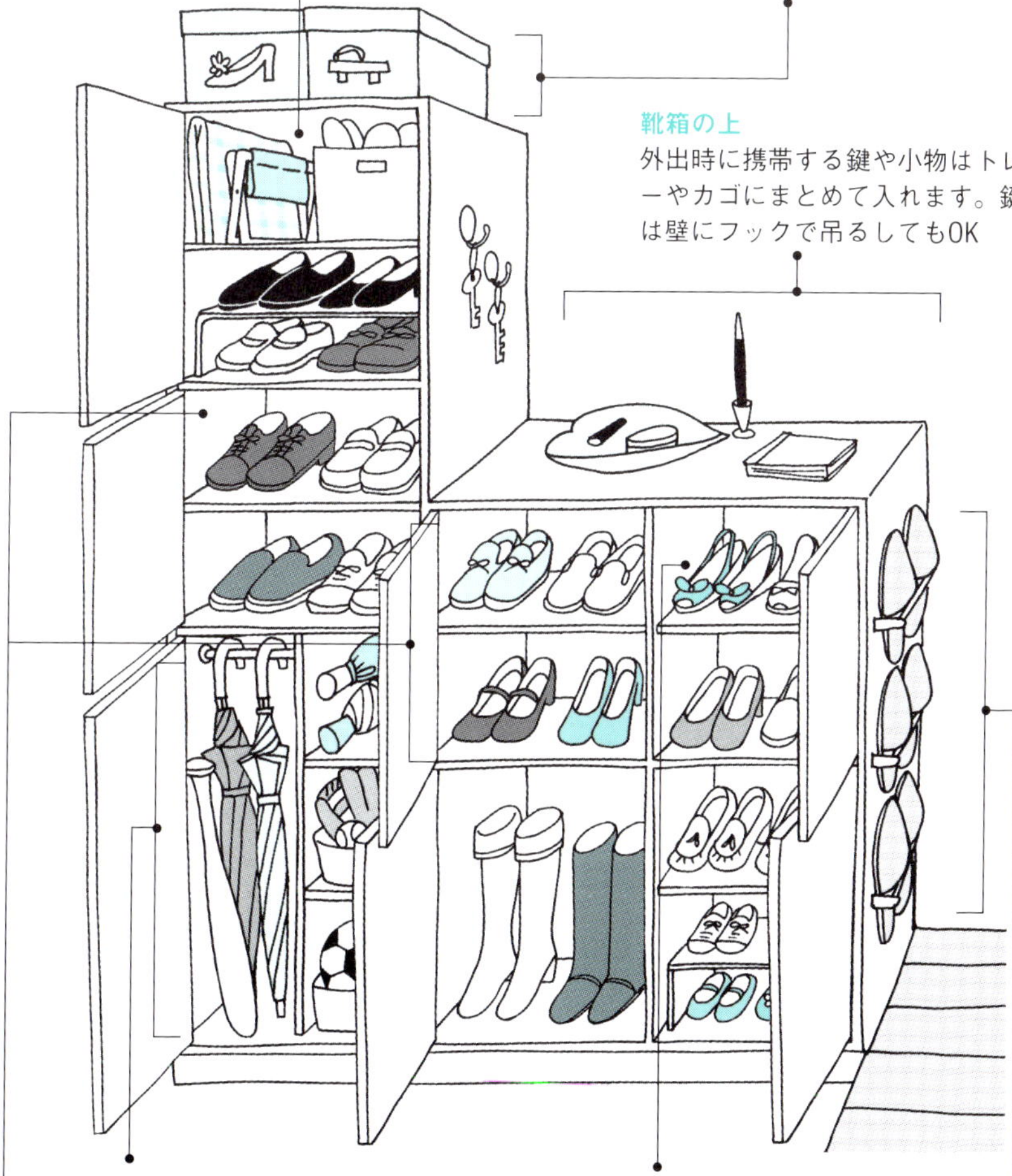

下段
高さがあれば、傘や野球バットなど。棚に折りたたみ傘やおもちゃをしまっても○

廊下側の棚
たたきに降りなくても靴箱の取っ手に手が届く「特等席」なので、もっとも使用頻度の高い靴を収納

中段
しゃがまなくても靴が取れる位置なので、よく履く靴を入れます

靴箱の側面
スリッパなど

Entrance
玄関
コツ3

1 棚板を靴の高さにぴったり合わせるだけで収納量UP

棚板を靴の高さに合わせてギリギリに設置すると、1段ごとに少しずつムダなすき間を詰めることができ、もう1段棚板が増やせます。棚板は、ホームセンターで靴箱のサイズに合わせてカットしてもらって。

2 詰め込みすぎず、通気性をよくする

靴箱は湿気がこもりやすいので、靴をギュウギュウに入れると、空気の流れが遮断され、カビが発生しやすくなります。靴がスムーズに出し入れできる程度の空間を靴の上下左右に確保しましょう。箱に入れた高級な革靴をほど使用頻度が低く、カビが生えやすいので要注意。

3 ハサミとゴミ箱を置いてDMをその場で処理

ポストから取ってきたチラシで不要なモノは、玄関に置いたゴミ箱にポイ！ ハサミがあればDMも開封でき、要不要をその場で選別できます。

Entrance

玄関モノ別しまい方

靴

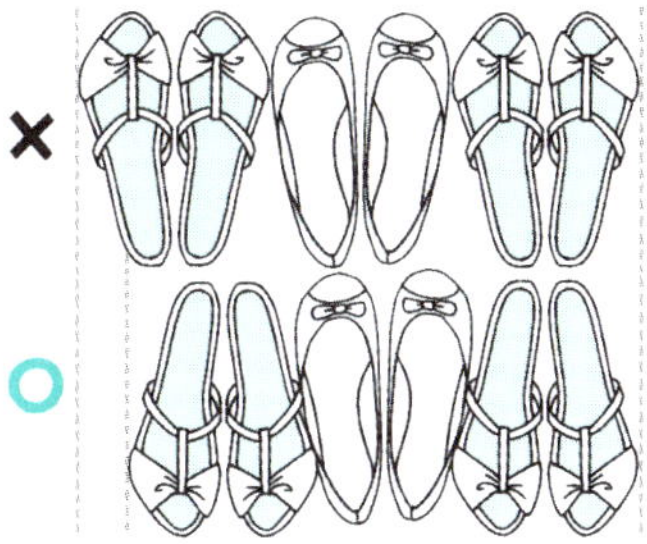

1足ずつ靴の向きを変えて入れる

つま先とかかとでは幅が違うので、つま先とかかとの向きを一足ずつ変えて入れると、約1足分省スペースに

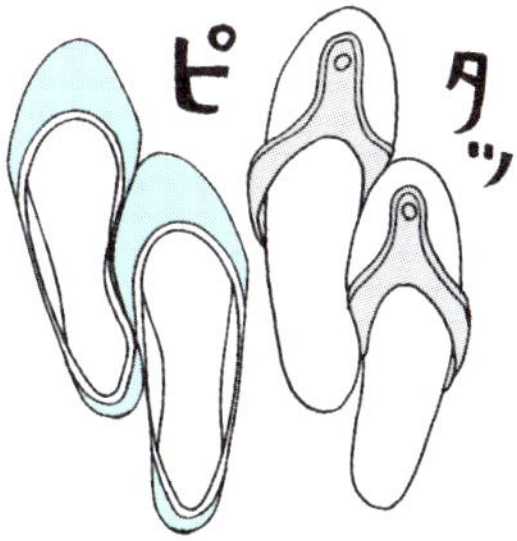

つま先を土踏まずに合わせる

靴はつま先の方が幅が広くなっているので、つま先を片方の靴の土踏まずの凹みに合わせれば省スペースに。できたすき間にサンダルを挟み込んでも○

市販のZ型ホルダーで2倍収納

ただし取り出すのにひと手間かかるので、よく履く靴は普通にしまい、あまり履かない靴やシーズンオフのモノに使用して

100円ネットをコの字ラックに

背の高い靴と低い靴を同じ棚板にしまうと、低い靴の上のスペースがムダに。ネットの両端を靴の高さに折り曲げ、コの字ラックにすれば、1足分のスペースに2足収納できます

つっぱり棒にかかとを引っかけ収納

靴箱につっぱり棒を渡し、片方の靴のヒールを引っかけます。棚板を追加するより、簡単に収納量が倍増

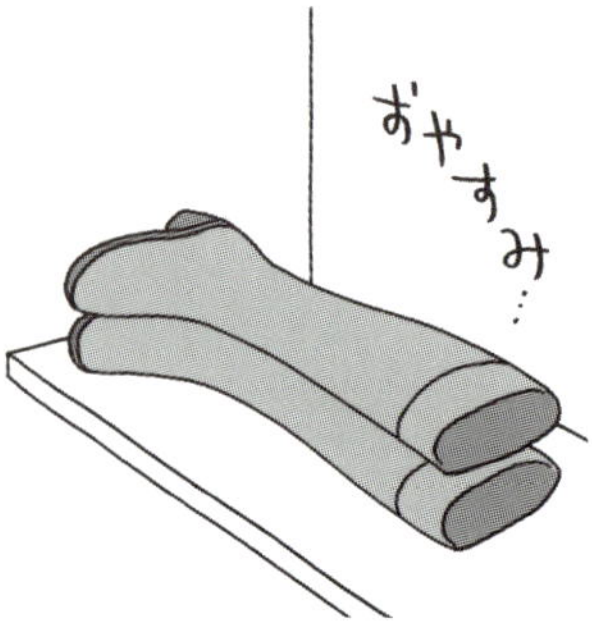

高さがない靴箱はブーツを寝かす

棚板の上に横に寝かせてしまいます。シーズンオフに収納する場合は、買ったときの箱やブーツ専用ケースに入れてもOK

傘

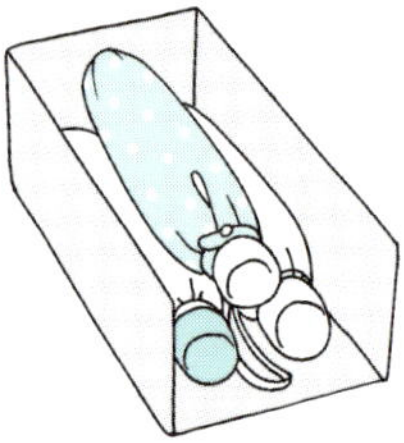

折りたたみ傘は箱にまとめる

ティッシュの空き箱など、箱の側面を切り取り、折りたたみ傘をIN。靴箱の中で傘が転がらず、きっちり収納できます。

折りたたみ傘はフックにかける

靴箱の扉裏に粘着式のフックをつけて引っかけます。扉裏を有効活用でき、出し入れも簡単。行方不明になることもありません

子どもの靴はカゴにまとめる

小さい子ども靴は棚板にそのまましまうより、プラスチックカゴにまとめれば、靴箱の中がスッキリ！ カゴを2段重ねにすれば、収納量も大幅UP！

ブーツ

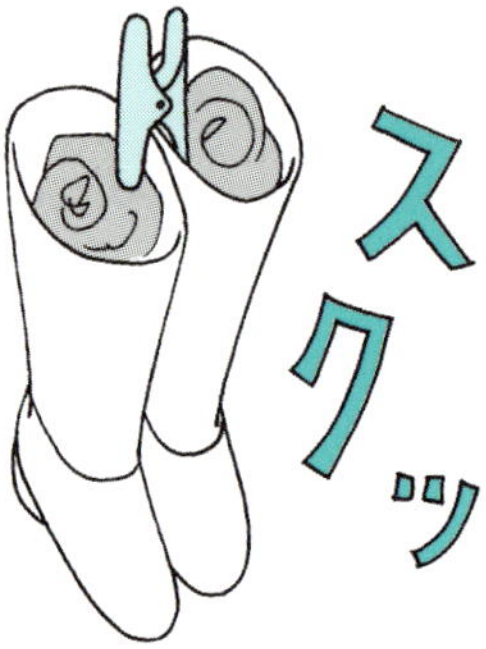

ブーツはピンチで留める

ブーツは1足ずつピンチで留めると倒れません。柔らかい素材で自立しないブーツは、キーパー代わりに中に新聞紙を詰めます。新聞紙が湿気を吸収してカビ予防にも○

スリッパ

四角いカゴに入れる

カゴは丸型ではなく四角いモノを。丸型だと床面積をとりますが、四角いモノなら廊下の壁にピタッと収まり、じゃまになりません

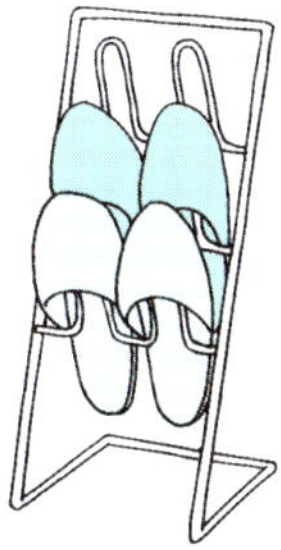

タワー型スリッパラックを利用する

狭い玄関でスリッパラックを利用するなら、床面積をとらないタワー型のモノが◎

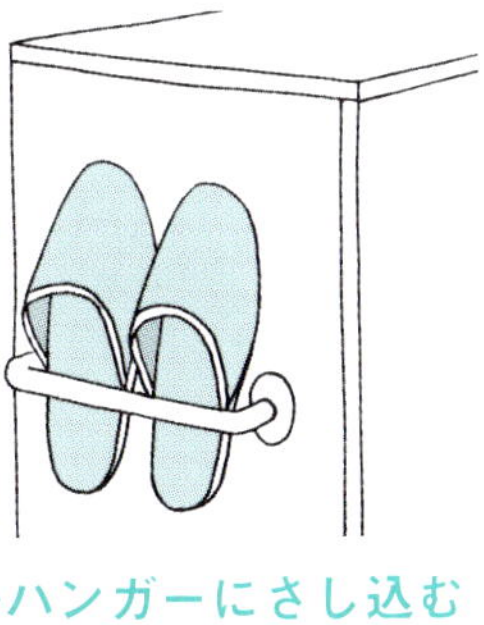

タオルハンガーにさし込む

靴箱の側面にタオルハンガーをつけてスリッパをIN。床面積を使わないので、玄関が狭くてカゴなどが置けない場合に便利

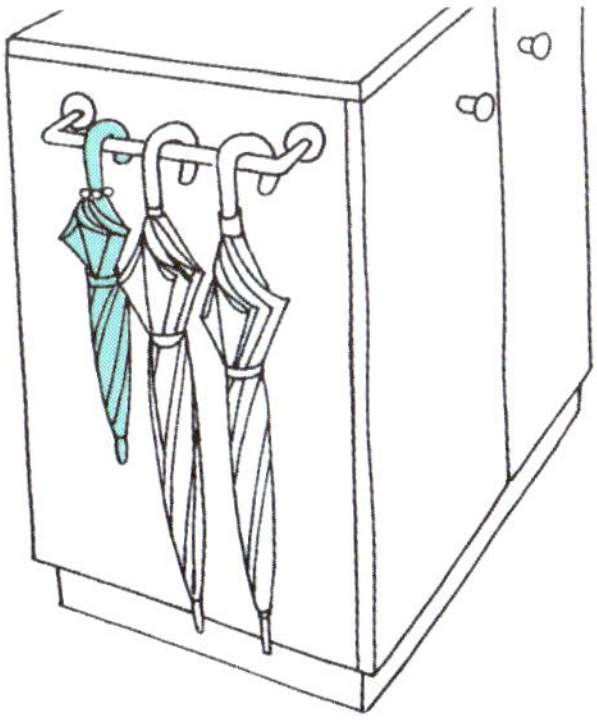

タオルハンガーに引っかける

靴箱の外側の側面を利用して、タオルハンガーをつけて引っかけます。靴箱の中や扉裏に設置してもOK

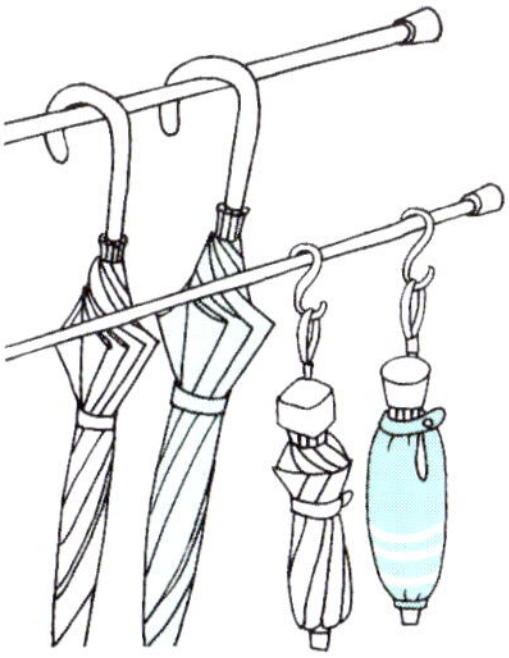

つっぱり棒＋S字フックに引っかける

靴箱の中につっぱり棒を設置。傘立てに入れるより、引っかけた方が傘の絵柄が見えて、選びやすくなります。特に、短い子どもの傘を傘立てに入れると埋没しがちなので、この方が○

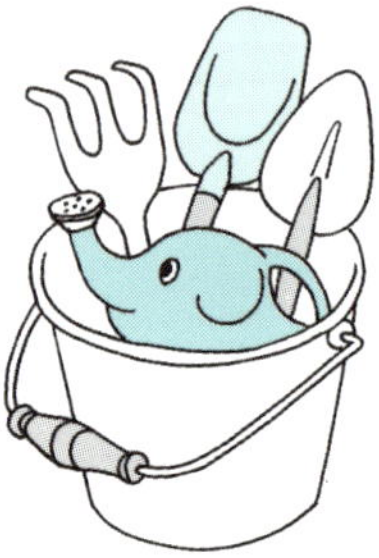

砂場道具は水洗いできるプラスチックのバケツにまとめる

砂場道具の入れ物は汚れやすいので、水洗いできるプラスチック製のモノを選びます。取っ手つきで持ち運びラクラク

エコバッグに入れて吊り下げ収納

外遊びのおもちゃ一式をエコバッグに入れ、靴箱にフックをつけて引っかけます。エコバッグなら洗えるし、そのまま持ち運べます

サッカーボールは小皿に置く

サッカーボールは子ども用プラスチック皿の上に置くと転がりません。輪ゴムで留めて四角形に組んだ割り箸の上に置いても○

鍵、定期券、時計など

小物は人別で分ける

鍵、定期券、時計、幼稚園や学校の名札など、外出時に携帯するモノを、玄関に置いておくと便利です。その場合はアイテム別ではなく人別にして、トレーやカゴに入れるのがオススメ。忘れ物がなくなり、自分のモノを自分で管理するようになります

おもちゃ

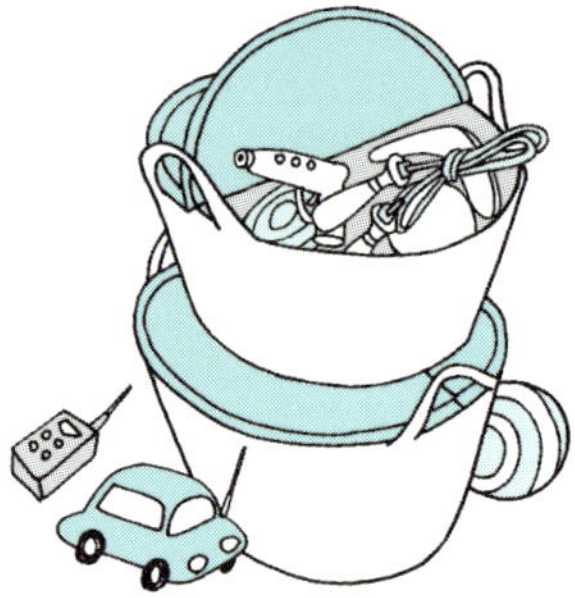

フタつきで重ねられる容器に入れる

フタがあれば、中がゴチャついていてもOK。重ねることもでき、狭い玄関の収納量がアップ。「タブトラッグス」のような大きめで丈夫なモノが便利

Chapter

4

夫や子どもを“片づけ上手”にするちょっとしたコツ

「片づけて！」「また出しっぱなし！」と文句を言うだけでは、夫や子どもは片づけに協力してくれないし、ましてや自分から片づけるようにはなりません。家族を片づけに巻き込むには、ちょっとしたコツがあるんです。

Family
夫・子ども あるある NG集

夫と子どもは散らかし放題。1日に何回「片づけて！」と叫んでる？

1日中片づけに追われて、もうヘトヘト。家族からの「ママ、あれどこいった？」にもうんざり。このまま一生、片づけられない夫と子どもの面倒をみるの？

NG

✕ 夫の脱ぎ散らかした服を拾って歩くのはもうイヤ！

リビングの床やソファの上にスウェット、ワイシャツ、スーツなどが放置。「私は、あなたの家政婦じゃない！」と叫びたい！

NG

✕ 朝食の仕度はテーブルの上の片づけから始まる（涙）

ダイニングテーブルの上に夫の時計、財布、ケータイ、雑誌が散乱。いつもこれでケンカになるので、注意するのはあきらめました。

NG

✕ 子どもが片づけられないのは、ママのせい？

リビングに子どものおもちゃが出しっぱなし。「片づけてから、次のおもちゃを出しなさい」と何度言っても、まったく効果なし。

NG

✕ さっきまでの美しい玄関はいずこ？

夫や子どもが帰ってきた途端に靴が散乱し、ランドセルやカバンが廊下をふさぐ。せっかく掃除して花を飾ったのに、むなしい……。

NG

✕ 「アレどこにある？」が耳にタコ

この言葉を聞くたびに「自分のモノは自分で管理して！」とイラつきます。片づけると「人のモノに勝手に触るな」と言われるし。

Family
家族と片づけ

家族とうまく折り合いをつけて、片づけるための3つのヒント

ひとり暮らしのときは、散らかすのも自分、片づけるのも自分の責任でした。でも、結婚して家族ができると、そうはいきません。「自分ばかりが片づけている」「だれも手伝ってくれない」「家族の散らかしにイライラする」。そんな人に夫や子どもを片づけ上手にするヒントを提案します。1つでもいいので取り入れると、自分も家族も家の中も、少しずつ変わっていくはず。

ヒント1　自分のモノは自分で管理する

自分のモノは、基本的に所有している人が管理します。散らかし放題なら、なくなったり、壊れたり、捨てられても文句はなし。家族が自分のモノを意識したり、紛失に危機感を持ったら1歩前進！

ヒント2　小さくても自分専用スペースを作る

ひとりに1部屋、1スペースが確保できなくても、引き出しや棚1段分でもいいから自分専用のスペースを作ります。

ヒント3　家族で最低限のルールを決める

自分のモノを管理する方法ついてのルールを、大人も子どもも平等に決めます。みんなで決めて、みんなで守ることが大事です。

3つのヒントで片づけに家族を巻き込もう！

ヒント
1

自分のモノは
自分で管理する

家族のモノが出しっぱなしになっていても、安易に片づけません。迷子になったモノを探す苦労を経験することで、自分のモノを管理する意識が芽生えてきます

ヒント
2

小さくても
専用スペースをつくる

自分だけの場所だという意識と実感を持つと、そこにあるモノや空間に愛着を感じて、必要なモノや好きなモノを自分で管理するようになります

ヒント
3

家族みんなで
最低限のルールを決める

たとえば「リビングに置きっ放しのモノはママが処分してOK」「洗濯物は洗濯カゴにに入れないと洗わない」など自分も意見を言って話し合いで決めると、ルールを守ろうという意識が生まれます

Husband
夫と片づけ

夫専用スペースを作ると片づけの手間がグ~ンと減る!

実は、夫の専用スペースを作ることは、子ども部屋を作るよりも重要なこと。というのは、夫が専用スペースを持ち、自分が大事にされていると実感すれば、家族のために頑張って働こうという気持ちになり、妻への思いやりも増すからです。でも実際には、ほとんどの家が子ども部屋はあっても、夫スペースがないのが実情。1部屋は無理でも、せめて家のどこかに夫の専用スペースを作りましょう。夫専用スペースの作り方は次の3つ。

夫スペース1　部屋の一角に夫コーナーを作る

寝室や和室などの一角に夫コーナーを設置。デスクを置き、妻はここにあるモノには手を触れないのがルール。

夫スペース2　クローゼット半分を夫のモノ入れにする

扉を閉めれば、中がグチャグチャでも気にならないのでクローゼットがオススメ。半分くらいのスペースでOKです。

夫スペース3　棚やカラーボックスを夫のモノ入れにする

リビングやリビングに隣接する部屋に設置するのがポイント。夫がよくいる場所に作れば、モノの出し入れがラクで、出しっぱなしが予防できます。

夫コーナーの作り方

わが家の間取りや広さに合った夫スペースを作ろう！

部屋の一角に夫コーナーを作る

デスクを置きパソコンを使えるようにして、夫の趣味のCD、DVD、雑誌、本などを置くと「プチ書斎」になります。「自分の場所」という自覚が芽生えると、自分でモノを管理するように

クローゼット半分を夫のモノ入れにする

家にクローゼットがひとつしかない場合は半分を、大きいクローゼットの他に小さめのクローゼットがある場合は、ぜんぶを夫コーナーにしてもいいかも。ジャケットやコートなどハンガーにかける服も一緒に収納できるとベスト

リビングの棚やカラーボックスを夫のモノ入れにする

家の中で夫がいる時間がいちばん長いリビングに設置します。箱やカゴを棚の中に置くと、見た目のゴチャつき防止になります。どこに何をしまうかは、夫が自分で決めるのがルール

Husband 夫を片づけ上手にするヒント5

1 夫のモノは積極的に片づけない

妻が、夫のモノをある程度でも片づけてしまうと、夫は自分で「片づけよう」という意志を持ちません。夫のモノが散らかっているときは、夫専用のスペースに移すだけにして、それ以上片づけてはダメ。必要・不必要の判断は夫にしかできないので、必ず夫に任せます。

2 夫のモノの置き場所を決める

夫コーナーとは別に、共有スペースに夫のモノを置く場所を作ります。たとえば寝室にパジャマを入れるカゴを置いたり、洗面所の鏡裏左は夫専用の場所と決めます。使ったモノを戻す定位置が覚えやすくなるので、出しっぱなしや他の家族のモノに紛れ込まなくなります。

3 夫のモノを勝手に捨てない

妻には、とっておく意味がないように思えるモノでも、夫には価値があったりするので、勝手に捨てるのはケンカのもと。捨てて欲しいときは「捨てていい？」ではなく「これどうしよう？」と夫の判断を仰ぐようにすると、案外すんなりOKしてくれるものです。

4 子どもにチクっと言わせる

子どもに「汚い」「パパだけできてない」と言われるとショックを受けて、頑張って片づけようと思うもの。また夫の洋服を処分したいときは、妻が100回「捨てて！」と言うより、娘の「パパ、この服似合わないよ」のひと言が、効果があります。

5 夫発案の家族ルールを1つ決める

家族ルールのうち、少なくとも1つは夫の提案を採用して、家族みんなで守るようにします。夫としては、自分が決めたルールをみんなが守っているのですから、自分もその他のルールを守ろうという気持ちになるはず。そして、ルールが守れたら必ず褒めます。

Children
子どもと片づけ

成長に合わせて子どもコーナーを作れば、インテリアを損なわずにスッキリ片づく

子どもコーナーは、子どもの成長とともに変わっていきます。それぞれの年齢層に合ったコーナーを作ることが、〝片づけ力〟を身につけさせ、片づけられる子どもに育てます。赤ちゃんから小学校高学年までの間を3つの期間に分けて、それぞれの年齢層にマッチした子どもコーナーを作りましょう。

「乳児期」は、ママが子どもの世話をしやすい場所に棚を置き、おむつやケアグッズをしまいます。おもちゃは子どもの手が届く床や棚の下段に。

「幼児〜10歳ごろ」は、勉強関連はダイニング、おもちゃはその隣の部屋と別々にすること。この年齢層は、まだママが勉強をみてあげられる時期なので、キッチンから目の届くダイニングテーブル近くに、本やカバンなど学校・幼稚園関連のモノを置くコーナーを作ります。おもちゃは、ダイニングに隣接する部屋に棚を置き、おもちゃコーナーを作って収納します。

「小学校高学年ごろ」になったら、子ども部屋を作ってもOK。あるいは、リビングやダイニングの一角に机や棚を置いて、子どもコーナーにします。学校関連とおもちゃは分けて、棚の違う段にしまうようにアドバイスし、あとは子どもに管理させましょう。

子どもコーナーの作り方

子どもの成長に合わせた子どもコーナーを作ろう！

乳児期

リビングの一角に子どもコーナーを作る

おもつ替えセットをひとまとめに
おむつ、おしり拭き、ビニール袋などを持ち手つきのカゴにまとめておくと、どこでもおむつの交換ができて便利です

プレイマットでスペースを仕切る
プレイマットでスペース分けをし、子どもなりに「自分のスペース」がわかるようにします。おもちゃのはみ出しを自覚させる練習をしましょう

カラーボックスにまとめる
カラーボックスを使って、子どもの衣類やおむつを収納。布製の箱やカゴを使って見た目よく収納。下段にはおもちゃをしまいます

幼児〜10歳ごろ

ダイニングと隣の部屋に子どもコーナーを作る

ダイニングに隣接する部屋に棚を置き、おもちゃをしまいます。勉強はダイニング、遊びはこちらの部屋に分けると、勉強関連のモノとおもちゃの混在が防げます

カラボの側面にはフックを

側面に粘着フックをつけ、帽子やバッグを引っかけられるようにします

ダイニングテーブル近くにカラーボックスを置き、勉強コーナーを作ります。お菓子の空き箱などを使って細かいモノをしまうと、見た目がゴチャつきません。下段をランドセルの指定席にすれば、ポイ置きがなくなります

小学校高学年ごろ

机をベースに子どもコーナーを作る

勉強机はシンプルなモノを
勉強机はいわゆる「学習机」ではなく、シンプルなデスクの方が、中・高校生になっても使えて経済的です

勉強関連とおもちゃの段を分ける
教科書、副読本、ノートなどの勉強関連とおもちゃは、違う段に入れます。教科書とマンガ本が隣り合わせというのはNG

机の上は「よく使うモノ」だけ
勉強に集中できるので、机の上は何もないのがベスト。置く場合は、教科書、ノートなど「よく使うモノ」だけにし、残りは隣の棚へ

おもちゃはここに入るだけと限定
この棚が自分専用であることを子どもに自覚させて、ハミ出したらその都度、処分するモノを子どもに決めさせます。3～4段くらいのオープンラックだと、子どもでも管理しやすいちょうどよいサイズです

Children
子どもを片づけ上手にするヒント5

1 「片づけて」という言葉を使わない

子どもには「片づけて」という言葉が、実はよく理解できません。それぞれのモノをどこに置いたら、片づけたことになるのかわからないからです。「おもちゃを箱にしまってね」「絵本を棚に戻してね」と、「何を」「どこに」「どうする」のか具体的に言うことが大事です。

2 2歳になったら「定位置」に戻すことを教える

「定位置」に戻すことは、いちばん最初に身につける片づけ力です。車、ぬいぐるみ、絵本など子どものモノを分類して、どこにしまうのか（＝定位置）を子どもと一緒に決めます。出したら戻すことを何度もくり返し教えることで、だんだんと定位置を覚えていきます。

3 5歳になったら「適正量」を理解させる

「車はこの箱に入るだけ」、「マンガはこの棚に入るだけ」と、それぞれの手持ちの量を決めます。入りきらなくなったら、減らすモノを子どもに決めさせて、決めたスペースからはみ出さないように管理させます。

どれか減らさないともう入らないわよ
マンガ
そうか……

4 「いるモノ＝今使っているモノ」だと教える

「いらないモノを捨てなさい」と言っても、子どもは「ぜんぶいる」と答えるもの。「いる」か「いらない」かではなく、「今使ってる」か「使っていない」かで分けさせます。「今使ってるモノだけ箱に戻して」と言えば、とっておくモノが判断しやすくなります。

今使ってるのだけ箱に入れてね
使ってる
使ってない

5 モノの分け方や収納場所を子どもに決めさせる

3～4歳ごろまでは、親が子どものモノの分け方や収納場所を決めていますが、5歳～小学生になると自分なりの片づけ方が生まれてきます。片づけ方や場所が違っていたら、質問形式で子どもに考えさせます。ママのやり方を押しつけるのはNGです。

『積み木』と『ぬいぐるみ』は同じ場所でいいのかな？

Children 子どものモノ別しまい方

本・絵本

コの字型ブックエンドで仕切る

本が多い場合、ブックエンドで仕切ると本が倒れないので、子どもが出し入れしやすくなります。しまうときに本がブックエンドに引っかからないよう、寝かせて置くのがコツ

おもちゃをブックエンド代わりにする

ブックエンドをわざわざ買わなくても、おもちゃを置いて代用します。おもちゃの収納もできて一石二鳥です

表紙が見えるようにしまうと、子どもは出し入れしやすい

置くだけで簡単なので、出しっぱなしがなくなります。今よく読んでいる本や読ませたい本だけを入れ、残りは大人の本棚に

写真

子ども別にまとめる

子ども別にまとめると、家を巣立つときに各自のアルバムを持たせることができます。データはCDやDVDに保存して、撮影時期とタイトルを記入

アルバムは1年に1冊と決める

1年分＝アルバム1～2冊までと量を限定し、「2012年前半」とラベリング。データと一緒に収納すれば、写真とデータがバラバラになりません

幼稚園セット

子ども用ラックにまとめる

棚板をつけないカラーボックスにつっぱり棒を渡して、幼稚園グッズをひとまとめ。横にフックをつけ、帽子やカバンを引っかけて

おむつ

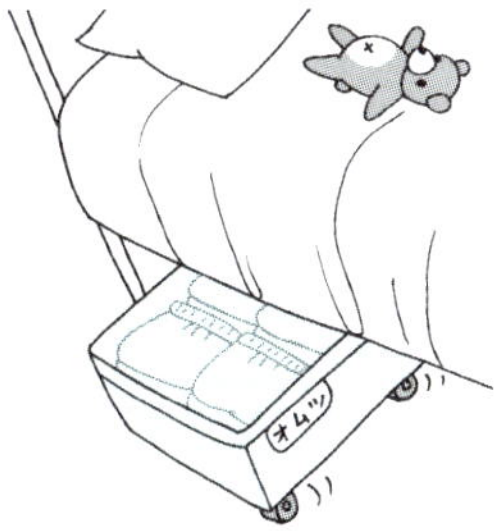

キャスターつきのケースに入れベッドの下に

おむつ1パック分が入るキャスターつきのケースに入れて、ベッドの下にしまいます。ベッド下のデッドスペースが収納に活かせます

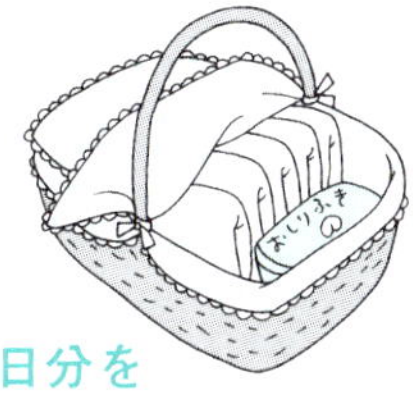

1～2日分をおしり拭きと一緒にカゴにIN

持ち手つきのカゴにすると、おむつの交換時に持ち運びができて便利。中身が見えないように、フタつきや布でカバーを

今着ている服

小さめの衣装ケースにしまう

子どもが出し入れできる高さで、奥行きが短めで、引き出しの開け閉めに力のいらない衣装ケースを使用。大きな文字でラベリングするのもポイント

おさがりの服

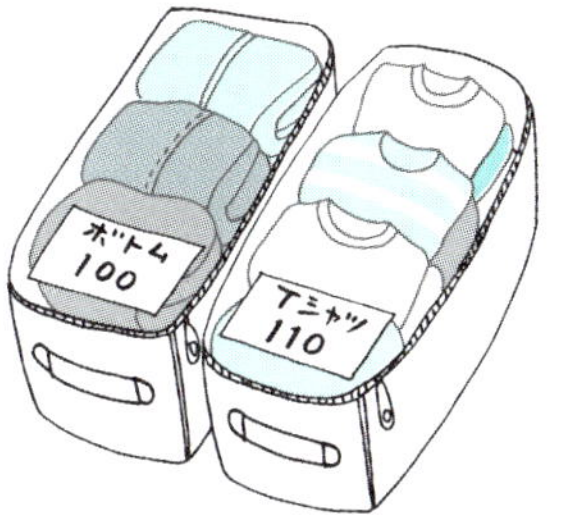

アイテムとサイズごとに収納

100円ショップなどで売っているビニール＋不織布製のケースに、アイテム別にサイズを分けてしまっておきます。上面が透明なので、中身がすぐにわかって便利

紙のおもちゃ

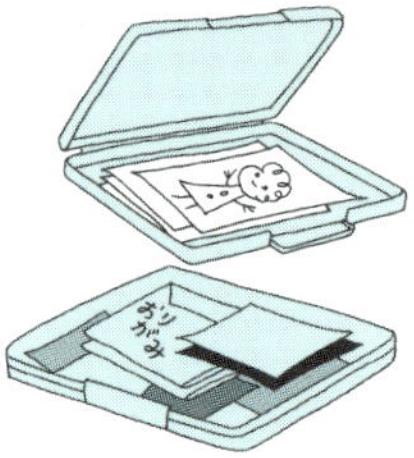

中身が見える半透明ケースに

折り紙、お絵かき用紙などは、アイテムごとにA4のファイルケースにIN。紙が破れたり、シワにならず、棚に立ててしまえます

小さなおもちゃ

小さめの箱を箱in箱にする

大きな箱の中に小さい箱を入れて、小さなおもちゃをIN。1つの箱にまとめた方が場所をとらず、遊ぶときもこれだけ出せばOK

お人形の小物

付録のポーチに入れる

雑誌の付録にある小さめのポーチに、「靴」「アクセサリー」「バッグ」など種類ごとにまとめて。迷子防止になります

ミニカー

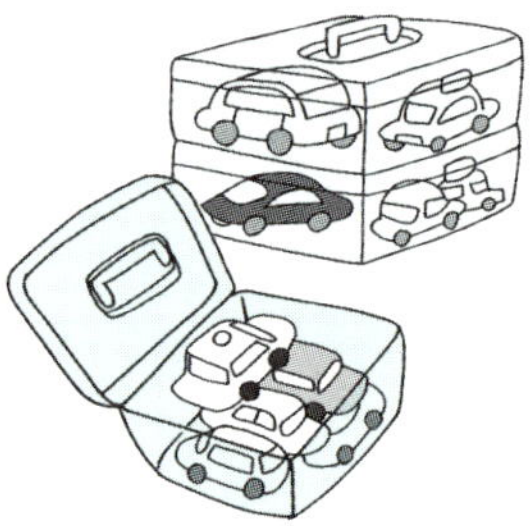

プラスチック製の道具箱にIN

100円グッズにある小さめの道具箱に入れます。1つに入りきらないときは、数個に分けて重ねてもOK。中身が見え、取っ手つきで持ち運びも◎

ぬいぐるみ

大きめのカゴにまとめる

子どもがポイポイ入れられるように大きめにカゴを用意します。布製など軽い素材のモノで、取っ手つきだと移動がラクチン

電車のおもちゃ

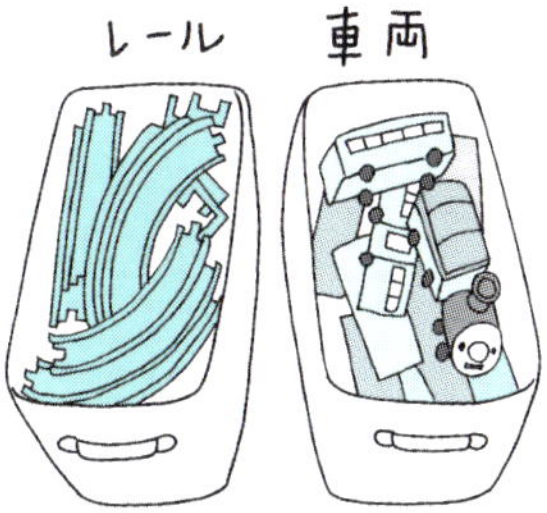

レールと車両を分けて収納する

大きめのカゴや引き出しにレールと車両を分けて収納。分けた方が、欲しいモノがすぐに見つかり組み立てやすくなります

パズル

ピースの裏に印をつけて迷子防止

星やハートなどピースの裏にパズルごとの印をつけ、密閉容器にも同じ印をペタリ。フタにはでき上がり写真を。ボードは紙袋にIN

シールなど細かいモノ

スライド式ジップ袋に入れる

普通のジップは子どもには開け閉めしにくいので、イラストのようなスライド式ジップ袋を。シールやおまけなどを1種類＝1袋に

おままごと道具

牛乳パックで仕分けする

牛乳パックの底の部分を仕切りにして、お菓子の箱や缶にまとめます。アイテムごとに分ければ、欲しいモノがすぐに取れてゴチャつきなし

大きいおもちゃ

棚の上におもちゃの形の色紙を貼る

おもちゃを棚の上に置く場合、置き場所を子どもに覚えさせるテク。おもちゃの底面の形に切った色紙を棚の上に貼っておけば、子どもはピッタリそこに置くように

おわりに

まずこの本を手に取ってくださったみなさまに感謝します。「本」というよりは「イラスト事典」の仕上がりになっています。私がいちばんこの本に向いているタイプだな（笑）と、でき上がった時に思いました。

一概には言えませんが、片づけられないズボラさんは、本を読むこと自体おっくうに感じたり、途中でやめてしまったり……と、「中途半端」にしてしまう人が多いように思います。なにを隠そう私もそのひとり。読みにくい本だと挫折したり、飛ばして読んだりして、結局、暮らしに役立つ肝心なことがわからないままに終わってしまうこともあります。

これって「片づけと似てるな」と私は思うのです。スタートはいいのだけど、途中でイヤになっちゃう……。せっかく片づけ始めて「時間」も「労力」も「気合い」も使ったのに、中途半端なところでやめてしまうから元に戻ってしまう。片づけを完結させるためには、小さい範囲でいいから一度、完璧に片づけきる、これが大切です。

片づけは終わりが見えにくい作業。お客さまのお宅では家じゅうを片づけるのに1年以上通うこともあります。だからひとりで片づけをしていると、「いったいどこまで片づければいいの？」とゴールが見えなくてイヤになってしまいます。そのために、この本はひとつずつモノ別に片づけ方を説明して、ゴールを細かく設定したつもりです。その小さなゴールにひとつでもたどり着ければまず合格！　何度でも本を広げて、ひとつひとつ確実にゴールして、片づけ上手を目指してください。

最後に、この本のパワーの源となるイラストを描いてくださった雨月衣さん、企画から力を注いでくださったライターの村越克子さん、スッキリデザインに仕上げてくださったデザイナーの細山田光宣さん、奥山志乃さん、そして縁の下の力持ちでまとめてくださった編集の別府美絹さん、本当にありがとうございました！

吉川永里子

家じゅうのモノが
スッキリ片づく！
ズボラさんのための
片づけ大事典

2012年 9 月12日　初版第 1 刷発行
2024年12月 2 日　　　第10刷発行

著者　吉川永里子
発行者　三輪浩之
発行所　株式会社エクスナレッジ
〒106-0032
東京都港区六本木 7 - 2 - 26
（編集部）TEL:03-3403-6796
FAX:03-3403-0582
info@xknowledge.jp
（販売部）TEL:03-3403-1321
FAX:03-3403-1829
https://www.xknowledge.co.jp/